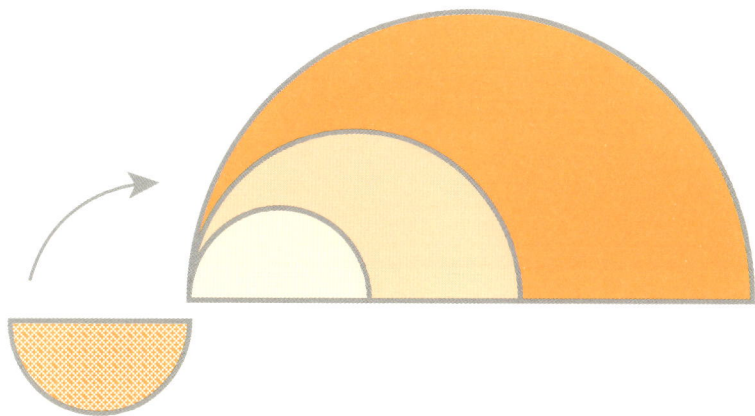

丰田式成本管理

TOYOTA | COST COMPETITIVENESS OF TOYOTA

在世界汽车业中，后起之秀的丰田之所以能够迅速崛起，
是因为丰田严格控制自己的全流程成本，不管是研发设计，还是生产销售，
始终把成本植入激烈的竞争中去，成为丰田竞争力的注脚

周锡冰 著

人民东方出版传媒

东方出版社

目　录

自　序

2005 年 6 月，62 岁的渡边捷昭被任命为第十任丰田自动车株式会社社长。对于此刻的渡边捷昭来说，用心的耕耘终于得到了回报，自己已经在丰田工作了 40 余年。

在此前，渡边捷昭可谓是出了名的"成本杀手"，"拧干毛巾上的最后一滴水"的成本思维，一度成为渡边捷昭的成本控制名言。

1964 年，毕业于日本东京庆应大学的渡边捷昭进入丰田公司工作。或许由于渡边捷昭学的是经济专业的缘故，渡边捷昭在"抠门"方面的表现具有非同寻常的禀赋。

最初，渡边捷昭负责丰田食堂的管理工作。为了有效地控制成本，渡边捷昭专门请来营养专家对员工倒入泔水桶中的剩饭进行详细分析，确定哪些食品可以从员工的盒饭中取消。渡边捷昭的这一变革，让丰田员工食堂迅速"扭亏为盈"。

在渡边捷昭的丰田履历中，始终是以降低成本为己任。当接替丰田前社长张富士夫出任丰田的社长后，渡边捷昭再次提出了自己新的控制成本计划："只是把成本降低30%是远远不够的，我们要尽一切可能来降低成本。目标是在现有的基础上再降低50%，确保20%—30%的利润。"

在这样的背景下，丰田开始启动了轰轰烈烈的"价值创新计划"（Value Innovation，简称VI），在这个计划中，丰田的研发人员所思考的问题，尤其是成本问题就浮出水面。

对此，渡边捷昭说道："VI计划将多个零部件组合成标准组件，并淘汰不必要的部件，从而降低零部件成本。我们的目标是将零部件数目减少一半。"

在渡边捷昭看来，价值创新计划所涉及的范畴，一定要超过以单个项目为基础的"打造面对21世纪的成本竞争力计划"（CCC21，Construction of Cost Competitiveness 21st Century）。

所谓CCC21计划，是指时任丰田社长的张富士夫在1999年提出的一项成本改善计划，目标是连续3年将成本削减的幅度控制在平均30%的水平。

张富士夫提出这一计划后，立即震惊了世界汽车行业。在外界同行看来，丰田在成本控制方面，已经接近极限。当张富士夫再次大幅度降低丰田成本时，这在外界看来几乎是不可能完成的任务。

在 CCC21 基础上，渡边捷昭进一步提出了价值创新计划。价值创新计划与 CCC21 不同的是，价值创新计划主要以大单元为基准，集中进行丰田的成本控制。在过去，降低成本的思维主要是从设计到整车所涉及的全过程，如今其降低生产成本链条又向前延伸了，将产品设计的构思阶段也包括了进去，即在产品设计构思阶段，研发人员就必须将有利于整个生产链条各环节生产成本费用控制的问题统统考虑到。

为了实现其成本减半战略，在此后的丰田变革中，尤其在进行汽车制造时，渡边捷昭下令将多个零部件组合成标准组件，淘汰那些不必要的部件，尽可能地降低零部件成本，其目标是将零部件数目减少一半。

渡边捷昭这一计划的实施，每年为丰田节省约 20 亿美元的生产成本。不仅如此，渡边捷昭对成本的控制一度发展到了极致。在降低成本的探索中，渡边捷昭甚至将丰田汽车车门扶手的型号由原来的 35 种减少到 3 种，汽车喇叭由 28 个零部件减少到 22 个。

在渡边捷昭的这种成本思想指导下，丰田每辆车使用的钢制零部件由 600 余种缩减至 500 种。有付出自然就有回报，当渡边捷昭的一系列举措有序展开后，其效果较为显著：2008 年，丰田汽车以 897 万辆的销量超过通用汽车 840 万辆的销售额，一举登上了全球汽车销量第一的宝座。

在丰田公司，避免浪费和精益生产本来就是丰田生产体系（Toyota Production System，简称 TPS）的精髓所在。

众所周知，丰田生产体系是由日本丰田自动车株式会社副社长大野耐一创建，是丰田公司的一种独具特色的现代化生产方式。丰田生产体系顺应时代的发展和市场的变化，历经数十年的探索和完善，逐渐形成和发展成为今天这样的包括经营理念、生产组织、物流控制、质量管理、成本控制、库存管理、现场管理和现场改善等在内的较为完整的生产管理技术与方法体系。

回顾 20 世纪 90 年代后期的丰田，由于自身走上了急剧扩张的模式，的确需要避免浪费和精益生产的成本控制计划。为此，渡边捷昭说道："我们必须关注两个方面：其一是提高质量，其二是降低成本。我们的产品必须是全世界最好的，推出新产品的速度必须是最快的，生产成本必须是最低的。"

在渡边捷昭看来，丰田唯有做到这两点，才能支撑丰田的高速扩张。在这样的情况下，渡边捷昭提出"价值创新计划"也就在情理之中。

众所周知，不管是 CCC21，抑或是价值创新计划，都对丰田作出巨大的贡献。20 世纪 90 年代中期，丰田在同行业中，其收益只有通用电气的一半略多。1993 年到 1998 年间，丰田的平均年净收益大约为 25 亿美元，同期通用汽车为 45 亿美元，福特为 73 亿美元。

当丰田执行价值创新计划后，丰田汽车在 2006 年的净利润额达到了有史以来的最高水平，大约为 170 亿美元，且价值创新计划每年可为丰田节省逾 2000 亿日元（约 20 亿美元）的生产成本。

正如威廉姆·奥哈拉所言，通过研究日本企业所拥有的长处，可以向社会展示另一种价值观。

作者撰写本书，其目的是给中国企业，特别是中国家族企业的经营和成本控制提供一个可以对比和借鉴的理论基础，为中国企业的发展作出一点微薄的贡献，这也是我对我们这个时代应担负的历史使命感和责任感。

周锡冰

2017 年 12 月

第 1 章 | 丰田高利润源于对成本的控制

把成本降低 30% 是远远不够的……我们要尽一切可能来降低成本。目标是在现有的基础上再降低 50%，确保 20%—30% 的利润。

——丰田前社长　渡边捷昭

01 / 努力不能停留在原来的延长线上，应该是划时代地降低成本

努力地降低成本，以提升企业本身的竞争力，培养员工的成本意识，这需要在日常变革中培养。在丰田，全员都在倡导降低成本，这样的成本意识似乎是理所当然的事情。

为了更好地降低丰田的成本，丰田因此制订了"打造面对21世纪的成本竞争力"计划。当然，制订这个计划的原因，是因为丰田汽车需要用比以往更快的速度来推动降低成本。在产品设计和研发中，有些产品在研发时其设想的单价仅仅为1000日元（约58元人民币），但是经过了1—2年的研发期，当开始批量生产时，由于其竞争者的诸多原因，甚至可能需要将售价设定为低于原价格一半的400日元（约23.33元人民币），否则将无法参与竞争。

按照当初的设计，其成本竞争力十分明显，但是经过两年后，

因为其他公司远胜于自己降低成本的速度，自身的优势也会消失殆尽。

对于丰田汽车的"打造面对 21 世纪的成本竞争力"计划，时任丰田公司公关部部长的北川哲夫说道："丰田汽车正向创造'世界最强的成本竞争力'进发。"在丰田公司 2002 年度中期决算报告显示。2002 年 4—9 月，丰田集团销售总额为 7.88 万亿日元（100 日元约合 5.83 元人民币），比 2001 年同期增长了 15.4%。在这短短的 6 个月，丰田的营业收入就增长了 44.3%，纯利润增长了 90.2%，达到 5537 亿日元。所有这些数字均为丰田公司历史最高纪录。

一个引人注目的事实是，丰田汽车之所以能够取得如此不俗的业绩，并不是凭借丰田销售汽车数量多取得的，而是因为丰田通过降低成本来实现的。

在张富士夫任丰田社长时就曾明确表示，丰田汽车增长的收入中，1500 亿日元的收入来自于降低成本的努力，900 亿日元的收入来自于汇率的变化，只有 800 亿日元的收入来自于销售市场的扩大。

这意味着，在丰田汽车增长的营业收入中，丰田成本减半战略中控制下来的成本几乎是卖车收入的两倍。在"打造面对 21 世纪的成本竞争力"计划中，丰田汽车需要在产品研发和设计时，把生产、销售和零部件采购等诸多要素都充分考虑进去。

北川哲夫坦言，2000 年 6 月，丰田开始开展大规模成本压缩运动（即 CCC21：21 世纪成本竞争力建设计划），在"打造面对 21 世纪的成本竞争力"计划中，该计划实施 3 年的目标是节约 1 万亿日元成本。

据北川哲夫回忆称，成本压缩运动效果十分显著，仅仅在 2002 年，就节约了 3000 亿日元的成本。当顺利地实施"打造面对 21 世纪的成本竞争力"后，丰田开始更为严格的成本控制——成本减半。而"成本减半"的战略的提倡者就是 4 年后担任丰田社长的渡边捷昭。

在降低成本上，其牵涉的因素有许多方面，但是"打造面对 21 世纪的成本竞争力"计划却主要集中在设计、生产、采购和固定费用四个方面。

第一，设计方面。

为了降低成本，创造更多的价值，丰田改变了原开发思路，即摒弃了先由各车型团队自主开发的做法，让负责开发某一车型的总设计师直接介入其产品研发和设计的过程，同时把生产、零部件采购、销售等诸多方面的流程都充分地无缝链接起来，有效地形成互动。

例如，丰田皇冠汽车，该车在没有完成研发和设计时，该团队就去征求生产、零部件采购、销售环节部门的意见。

在征求意见的过程中，生产部门可能提出该车模不需要重新铸造、采购部门可能提出某些零部件价格较贵、销售部门可能提出该款式不适应当下市场等意见。

针对以上诸多不同的意见，设计团队通过计算机对原先的设计进行有针对性的改造。北川哲夫坦言，这种研发设计思路，源于美国通用电气公司发明的实时设计模式。不过，丰田汽车却运用得最为娴熟。

北川哲夫举例说，"以前丰田推出一款新车需要3—4年时间，现在已经缩短至15个月"。毋庸置疑，开发时间的缩短，有利于丰田汽车更为准确地把握市场脉搏和进行技术革新。

第二，生产方面。

为了降低成本，丰田汽车推出了"通用平台"，即尽可能用相同的平台生产多种款式的车型。按照"通用平台"的思路，当要推出新车型时，不管是研发和设计，都必须使用"通用平台"。

为此，设计师们从研发和设计新产品开始，就需要考虑如何有效地利用"通用平台"。例如，在设计和研发"易斯特"（east）和"威驰"（witz）两款汽车时，就充分地使用"通用平台"，大大地降低了新车投产或车型变更时的前期投入，而且"节省了能源"。

第三，采购方面。

在降低成本方面，丰田可谓是多管齐下。丰田一般会找出构成采购费用90%的170种零部件，组成170个工作小组，责成工作小组和供应商共同商量降低成本的方法。

在诸多方法中，不能简单地降低采购价格，需要与供应商共同探讨降低成本的方法，因为单纯降低价格，直接关系到大大小小几千家零部件供应商的生存和发展，仅仅降低采购价格，会让供应商的销售额减少，甚至破产。

更为重要的是，简单地降低采购价格不符合日本企业的习惯做法。丰田汽车的做法是，通过提高自身的生产率来降低成本，同时保证供应商的合理利润。

不仅如此，丰田还会定期派代表团远赴欧美汽车公司进行访问，了解其采购成本，然后比较他们的零部件采购价格，甚至还会暗中调查其竞争对手的各种情况，最后归纳出相应的解决办法。

北川哲夫举例说，轿车车座上方有一个伸手可及、用来固定身体的把手。北川哲夫解释道："通过调查发现，欧美公司采购价格低的原因是他们把手的种类少，标准统一。而丰田公司有30多种各式各样的把手。由于丰田根据车种不同分成不同的开发团队，彼此互不干扰。结果各个团队的设计师往往按自己的喜好设计了不同规格的把手。现在丰田已经把把手的规格统一到了3种，成本大大降低。"

02／使成本减半，确保剩下 20%—30% 的利润

随着时代的变化，其经营策略也随之改变。一般地，按照过往的做法，企业经营者都会脚踏实地、积极地降低成本，其成效同样也可能很显著。

一旦其变化速度过快，尤其是企业想要拥有强大的国际竞争力，企业经营者就不能停留在原来的轨迹上，而是应该努力地实现自己划时代的管理手段——降低成本。

在丰田公司，这样的战略意识，尤其是成本减半的战略意识尤为强烈。在丰田前社长渡边捷昭看来，作为国际跨国企业的丰田，要想获得克敌制胜的竞争力，仅仅依靠降低 20%—30% 的成本是远远不够的，必须挑战丰田"成本减半"的战略。

渡边捷昭坦言，倘若做不到这点，丰田公司是不可能在日本的高成本基础上获得竞争力的，更不可能确保剩下 20%—30% 的利润了。

美国华尔街投资专家在分析世界 500 强企业时谈道，丰田的确是一个成本竞争力较强的跨国企业，丰田逾 1 兆日元的合并正常利润离不开其强大的成本竞争力。

尽管如此，丰田经营者冷静地与其他公司做了一个详细的比较

后忧虑地发现，丰田面临着诸多毫不逊色于自己而价格低廉的零部件时，所谓的"世界第一"也许不过是一厢情愿的想法罢了。

渡边捷昭回忆称，在那个拼命地追赶通用汽车的时代，丰田的确曾开展过大刀阔斧的降低成本变革。当实现新的目标后，丰田汽车经营者们进而又制定新的"标准成本"，再推行新的变革。

实际上，在该过程中由于丰田汽车本身的原因，丰田此时降低成本的节奏明显放慢。如今的"1 兆日元"合并正常利润是丰田半个多世纪以来推行变革的成果，将来的利润则取决于今后的努力程度。

2000 年 7 月，丰田开始实施"打造面对 21 世纪的成本竞争力"计划。该战略制定了 3 年间平均削减成本 3 成、共计 1 兆日元（约 70 亿元人民币）的战略目标。

当然，丰田汽车启动新一轮降低成本战略的背后，无疑是丰田汽车隐藏的危机意识。"打造面对 21 世纪的成本竞争力"计划规定了在国际竞争中克敌制胜所必须实现的"绝对成本"，与合作公司齐心协力开展工作。

比如，丰田集团 D 公司的总裁就制定了"成本减半"这一更高的目标，远远超过既定的降低 3 成的战略目标。

该总裁说道："即便人们赞叹削减 20%—30% 是件'了不起的事'，但是这依然还不够。丰田当时要做的就是，必须将成本减半，确保所剩 20%—30% 的利润。在竞争中以微弱优势取胜是不够的，必须以遥遥领先的优势取胜，否则无法成为世界第一。"

从该总裁强调成本减半的执着中不难看出，在努力降低成本方面，丰田从来都没有放弃过自己的探索。丰田前社长张富士夫认为，仅仅强调高效的生产，并不足以保证丰田汽车的利润，丰田汽车必须重新考虑其整个流程中的成本因素。

在丰田前董事长奥田硕时代，丰田就已经着手开始大幅削减制造成本。作为继任者的张富士夫，无疑也不想停止奥田硕降低成本所做的努力。

张富士夫坚持的结果就是"打造面向 21 世纪的成本竞争力"计划的出现。该计划是丰田一个大规模内部重组的代号。

为了达到这样的战略目标，张富士夫为此设定了一个降低成本的目标——所有新车型关键部件的成本都必须要降低 30%。这就意味着丰田汽车的供应商和员工都需要围绕降低 30% 的成本而绞尽脑汁。

当然，张富士夫的解决办法是，丰田的成本控制与对手们那种大刀阔斧地裁员、关闭工厂重组的关键区别在于，丰田汽车主要借助于与供应商交叉持股形成的"企业联盟"（Keiretsu）。在 20 世纪 60—80 年代，"企业联盟"形成的相互协作的复杂关系网络，曾经被认为是日本企业成功的关键因素。

20 世纪 90 年代，由于该关系网络缺乏来自股东的业绩压力，以及企业往往无原则地维持非盈利业务，"企业联盟"已由曾经的推动力蜕变为阻碍企业发展的一个障碍了。尽管如此，然而张富士夫却不这样认为，他认为，"企业联盟"的关系网络有助于实现供应商的有效管理。

在张富士夫看来，丰田汽车的最大的零部件供应商是 DENSO，也是世界第四大零部件供应商，是丰田汽车企业联盟的核心之一，丰田汽车持有 DENSO 25% 的股份。正是这样的因素，使得丰田汽车拥有传统的家长式权威及责任。在像日产这样的汽车厂商已打破与原零部件供应商的联盟关系时，丰田汽车仍没有放弃。

比如，在 2002 财年，丰田汽车已经在 1130 亿美元的制造成本中砍去了 26 亿美元；2003 财年，丰田汽车还削减了 20 亿美元。

在削减的制造成本中，大部分是通过零部件使用更少的设计和在生产过程中减少浪费所致——丰田汽车的设计师往往会仔细检查镶嵌在大多数车里的门把手。丰田汽车通过与供应商的紧密合作，成功地把制作这种把手的零部件由 34 个减少为 5 个，直接就减少了 40% 的成本。

自从执行成本减半战略后，丰田汽车的成本控制有了明显的提升。例如，为了节约电力和热力，在上班时间里，丰田汽车切断宿舍区的供电和供热，这是丰田汽车长久以来的做法，能够有效降低成本；丰田汽车也会在复印机上标注成本以鼓励更好地执行成本减半战略。为此，张富士夫说道："以前我们总是试图发现浪费，而现在我们对每个提案都有新的衡量尺度。"

03 / 成本为降低而存在，利润由降低成本而来

作为继任者的渡边捷昭，在控制成本方面却更为严格。在渡边捷昭看来，只降低30%的成本是远远不够的，因为中国企业的成本非常低。渡边捷昭坦言："我们看到中国由于有低劳动力成本的高竞争优势，所以丰田不能躺在功劳簿上睡大觉。我们要尽一切可能来降低成本。目标是在现有的基础上再降低50%。目的是确保20%—30%的利润。"

为此，渡边捷昭多次谈道，丰田的巨额利润，是由降低成本而取得的。21世纪初，渡边捷昭的野心出现，他坦言："成本减半战略不仅为丰田的成本降低带来新的竞争力，而且还为丰田成为世界上第一大汽车制造商做好准备。"

经过多年的励精图治，渡边捷昭如期所遇——2008年起，丰田汽车公司开始逐渐取代美国通用汽车公司而成为全球排名第一的汽车生产厂商。这个宝座直到2017年年初才拱手让人——2016年

世界第一汽车厂商宝座公布：大众以 1031 万辆的总产量，压倒丰田的 1017 万辆，荣登"世界第一"。这是大众汽车历史上首度登上世界第一宝座。

冠军宝座的易主，无疑会促使丰田再次变革。2017 年 11 月，面对汽车行业的迅速变化，丰田汽车现任社长丰田章男正在试图改组高层管理架构，以应对该汽车制造商所称的"现在或永不"（now or never）的竞争。

于是，丰田在东京宣布了这一计划。为了高层领导能够注入更多的多样性，以应对电气化、自动驾驶和智能网联方面的新需求。这一系列的任命于 2018 年 1 月 1 日生效。该计划还将加强丰田汽车与整个丰田集团公司，包括株式会社电装 DENSO 和丰田通商（Toyota Tsusho）的联系，同时为丰田汽车带来目前缺乏的专业知识和技术。

在此次高层的大变动中，引人注目的是丰田汽车任命一位女高层在高端豪华品牌雷克萨斯中担任重要职位，并提拔了众多非日本籍高层。

丰田章男认为，只有始终对丰田公司保持危机思维，才能保持其对行业的快速反应，包括采用一大批新技术以及面对来自硅谷和中国的新竞争对手的压力。正因为如此，丰田在一份概述任命的声明中说："在前所未有的发展速度和规模变化下，丰田汽车意识到其正面临着一个'现在'或'永不'的局面，这一困境不是在一瞬间能克服的。"

面对困难，丰田章男在其个人评论中也重申了此现状："在接下来的 100 年里，没有人能保证汽车制造商会继续在出行领域发挥重要作用。一场关键的战斗已经开始了，这不仅仅是输赢问题，而是生死攸关。"

在丰田章男看来，此次人事变动是丰田公司 2016 年推出的新组织结构的一部分。为了加速丰田的决策和释放创造力。丰田章男为此把丰田母公司拆分成一个个子公司，同时授权这些子公司独立运营。

有研究者认为，丰田章男的目标是复制硅谷初创企业的流线型运营。丰田章男解释道："这是一个未知正确答案的时代，这一变化包括任命具有高水平专业知识的人。无论在公司的时间以及年龄如何，最终要做到的是在合适的职位上任命合适的人才。我们需要让那些了解工作环境的人能够迅速做出判断、决策以及快速行动起来。"

面对困局，丰田章男变革的动力源于外部环境的变化。不过，在渡边捷昭看来，丰田降低成本的根本着眼点应该在于"通过降低生产成本创造利润"。

在日本，从事生产无疑是一件苦差事，同时也意味着高成本，不仅福利较高，甚至还存在号称世界最昂贵的劳动力费用等问题。这样的问题迫使企业解决其高昂的制造成本问题，有些企业为此还将生产厂家转移到劳动力成本较低的海外国家，如东南亚国家等。

倘若仅仅只考虑"在日本从事生产"，在现有条件下需要大胆地创新。当年丰田从美国购买机器设备等生产汽车零部件时，原丰田汽车副总裁大野耐一曾反复强调："想要用美国的机器生产汽车并销往美国赚钱，只是按照产品说明操作绝对不是美国的对手。如果一件工作在美国需要三个人做，那么我们就赋予机器智慧，使得一个人就能胜任。"

大野耐一在担任丰田纺织顾问时期，由于韩国和中国台湾省的制造成本比日本低很多，这使得日本渐渐地有点儿招架不住。

大野耐一提出解决办法是"省人化"。大野耐一说道："必须考虑如何尽量让一个人完成对方需要十个人完成的工作。"

大野耐一力图通过丰田生产方式有效地实现"省人化"。在大野耐一看来，"省人化"不是强调增加员工的劳动强度，而是提倡员工提升创新的工作方法，生产可以与美国、韩国、中国台湾省与之匹敌的产品。

正是凭借这种降低成本的努力，丰田汽车在参与全球的竞争中赢得了胜利。1937 年，丰田汽车公司创始人丰田喜一郎曾写过一篇题为《成本计算和今后的预测》的文章。

在该文中，丰田喜一郎调查了当时美国福特、通用（GM）等汽车的销售价格和经销商批发价格，测算出制造每辆汽车的成本为2400日元（约139.76元人民币），进而指出，只有确保即使丰田的经销商价格设定在2400日元（约139.76元人民币）依然有利可图，这样才能战胜对手。

基于此，丰田喜一郎在日本汽车工业前途未卜的时期就开始探讨"什么是畅销价格"这一课题。在丰田喜一郎看来，不能以爱国心为卖点，起码要比外国车卖得更便宜。

对于多数企业而言，在售价取决于"成本＋利润"的时期，售价通常"由顾客来定"的想法无疑是骇人听闻的。此后，丰田为了降低成本，始终坚持"成本为降低而存在，利润由降低成本而来"的指导思想。

为此，大野耐一解释了很多企业经营者不理解丰田成本减半的疑虑。在大野耐一看来，很多企业家很容易将其理解为高效地生产产品的方式，实际上其根本在于生产始终以"顾客"为本。丰田的成本减半根本是"单件传送"。

大野耐一曾说道："在终端市场，不同的顾客购买不同的车，所以在制造商，也是一辆一辆地生产；生产零部件也是一个一个地生产，也即单件传送的同步化生产。丰田生产方式就是指贯彻这一思路的做法。"

大野耐一进一步指出，对于丰田的成本减半战略，不是大量生产相同的产品来调低价格，而是采取单件传送，并考虑如何低成本生产，以"顾客所期望的价格"畅销。这正是丰田成本控制战略实施成功的出发点。

大量的事实证明，丰田在成本控制方面，因为降低了大量的成本，所以增加了大量的利润。在降低成本方面，丰田将精益管理的思想全面推广开来，甚至无处不在，大到原材料的采购，小到一个电瓶的摆放位置，不仅如此，丰田生产方式对成本的掌控可谓细致入微。比如，在广州丰田的洗手间里，在洗手池的上方，纸巾盒旁贴有一张纸，纸上清楚地写明，每张纸巾 0.03 元。如果不使用纸巾，丰田一年将降低多少费用，从而每年又将节省多少木材。

丰田通过这种细小入微的提醒，让所有的管理者、普通员工都牢牢树立强烈的成本意识，让他们明白巨大的竞争优势其实来源于细小的成本节约。然而，遗憾的是，一些企业经营者一旦提及降低成本，无疑马上就会想到低价采购材料、裁减员工。

其实这样只是生产方短视的经营思路。在大野耐一看来，降低成本的本来目的是建立在以顾客所期望的质量、以对方要求的时间和对方认可的价格提供产品，同时企业也能获得足够利润。

为此，大野耐一认为，不管成本降低到何种程度，一旦产品质量下降，无疑是致命的，这将无法得到顾客的大力支持。

既然如此，那么丰田的成本控制战略应该从何处着手呢？作为创始人的丰田喜一郎认为，丰田成本控制战略应该从离顾客最近的地方着手。

丰田喜一郎坦言，首先解决如何做才能如期交货。一旦销路不畅，汽车积压在库房里，高库存就无疑会成为增加成本的一个直接因素。因此，这就要求在生产时缩短前置时间，不能积压过多的库存，以此为基础，上溯到前期工序，逆势推向整体成本控制战略的步骤，大幅度降低成本就成为可能。

为此，丰田喜一郎多次告诫丰田人称，在实施成本控制战略时，并不提倡丰田为了单纯地降低成本而降低成本，必须彻底地贯彻和落实成本控制战略。丰田这样做，不仅降低成本，同时还提升了顾客的忠诚度。一旦为了单纯地执行成本控制战略，而忽略顾客的需求，这样降低成本的做法肯定不得人心。

为了降低成本，某餐饮企业将全部的经营重心放在了"低成本"上。该企业将所用的肉类和蔬菜全部换成当时味道很差的冷冻干燥食品，即使是大米，也都换成了档次最低的。不仅如此，该企业进一步调高了售价。

该企业牺牲质量来换取低成本，结果是"销售额和顾客人数双下跌"。没过多久，该企业就出现了严重的经营问题。

为了找出其症结所在，该企业经营者在全面地分析了"为何不行了"后，反思了其做法。降低某种菜品的成本，仅仅是涉及制作菜品所需原料（主料、辅料）和包装材料、劳务费用、制造费用、物流费用等许多成本因素。

如果从原料来分析，考虑到菜品的味道、口感，有些"食材"是不能变的，有些"食材"是可以变的，一旦忽略了这一点，采取一刀切，或者认为越便宜越好，就会失去长期培养起来的顾客的支持。

上述案例说明，努力降低成本，但是不能以牺牲"顾客"为基础。企业经营者降低成本，主要是为了顾客能够买到物美价廉的商品，一旦忽略以顾客为基础而降低成本，只是将企业的意愿强加于顾客，顾客自然不会买账。

04 ╱ 为了变革而研究，而不是罗列无法开展的理由

一般地，一类企业领导者热衷于寻找完成战略目标任务的途径，甚至只看重结果而忽略过程。与之相反的是，另一类企业领导者却把"结果""目标"和"愿景"置于过程之上。通常，此类企业领导者属于典型的变革型领导。

在经营管理实践中，变革型企业领导者善于打破常规，凭借

创新意识打破被官僚主义压得死气沉沉的公司氛围。通过变革的方式，变革型企业领导者彻底地将其改造成为一个充满活力的新公司。

在完成这个目标时，变革型企业领导者通常先勾画出公司的愿景，然后激励全体员工实现它。在日本诸多企业家中，原丰田汽车副总裁大野耐一就属于这样的变革型企业领导者。

大野耐一多次强调，丰田成本控制战略的革新，不再局限在观念革新阶段。在大野耐一看来，除了观念革新，更需要全体丰田人的行为革新。

大野耐一的理由是，丰田成本控制战略的革新，仅仅凭借危机感让丰田人变革是不会带来太多变化的。从这个角度来看，仅仅靠外部环境影响丰田变革的动力，显然是不够的。

的确，推动丰田汽车变革最需要尊重变革行动的风气。倘若领导者本人不愿意接受挑战，变革是绝对不可能在丰田开展起来的。不仅如此，企业领导者也需要做好各种思想准备，一旦毫无思想准备，毫无章法地变革，那么这样的变革势必影响丰田的成本控制战略。

基于此，丰田倡导的变革，其最终目的就是为了有效地降低成本。一旦变革无法降低丰田的制造和运营成本，或者反而降低了丰田的生产效率，那么这样的变革就毫无意义可言。

在着手变革前，企业领导者需要提出若干能够想到的变革方案，从各个角度进行研究，通过评估，选用最佳的变革方案。因此，大野耐一说道："我们需要充分的研究，重要的是为了变革而研究，而不是罗列无法开展的理由。"

当然，也有一部分人非常清楚，其现状已经到了"不得不变"的地步，但就是不愿意付诸行动。抑或是这部分人有一定的危机感，但是缺乏"凭自己的力量去改变"的自强心理。

针对此问题，丰田倾向于那些毛遂自荐勇于实施成本控制战略的人。为此，丰田喜一郎指出，在实施成本控制战略时，丰田首要考虑的不是观念革新，关键是真正地把变革落到实处。一旦把变革落到实处，变革就会自然而然地扎根。

在这个过程中，丰田也有许多管理者更热衷于结果，由于日本企业领导人特有的天性，他们思前想后顾虑重重、没有行动起来，因为这些企业领导者惧怕结果而一拖再拖，就这样陷入无可挽回的窘境中。丰田喜一郎坦言："现在不应该再来强调观念革新了。"

面对成本控制的战略目标，大野耐一的办法是，"以找借口的头脑去思考如何行动起来"。一旦受命成本控制的战略目标，如果大部分人都开始以各种各样的理由认为"那是不可能的""怎么可能实现呢"，那么这样的做法永远无法实现成本降低30%或者更高的战略目标。

因此，大野耐一指出，变革就是将"不可能""做不到""绝对不能"变为"可能"，丰田人首先应该从"试试看"开始。比如，丰田人可以改变产品的原料或配方，通过各种办法尝试降低成本，除了各种尝试以外，降低成本就别无他途。在该过程中，其尝试可能遭遇多次失败，甚至只有反复尝试，才能找到降低成本的答案。

每当遭遇尝试失败，就容易轻言放弃，甚至一些丰田人说"做不下去了，还是保持原样吧"。大野耐一认为，如此变革的做法是绝对不会有任何进展的。在变革的过程中，哪怕变革的效果适得其反，也不能轻易放弃，或者是开倒车，而是应该再变革一次。

为了进一步推动变革，丰田人可以比较新旧的各种做法。当比较之后，尽管有些丰田人会倾向于恢复旧的做法，但是也必须推行新的变革，哪怕变革中出现各种各样的问题，也需要考虑新做法的合理性。

京瓷创始人稻盛和夫曾经在一次演讲时被日立的技术员问道："听说京瓷研发的产品从来没有失败过，而我们日立虽然拥有如此强大的技术阵容，10个也只能成功2—3个，其余的7—8全都是失败的。以我们的经验来看，京瓷的结果是难以置信的。"

面对此问题，稻盛和夫给出的答案是："答案很简单，不成功我们誓不罢休。"

从上述对话中我们看到了日立和京瓷两者最大的不同。从技术人员就读的大学和博士的数量来分析，日立占绝对优势。一般的，日立通常出于经济性等各种因素考虑，一旦某项研究的成功率较低，往往就会要求尽快放手。

与日立不同的是，京瓷的做法是，一旦着手做，就必须坚持到底。尽管也会面临失败，但是京瓷的做法不同于半途而废的失败，而且该研究的研究，当失败后，查找失败的根源。这两种失败的性质无疑是大不相同的。

丰田与京瓷的做法有些类似。正因为如此，丰田能够取得如此骄人的业绩，肯定离不开全体员工执行成本控制战略的功劳。

当然，在变革降低成本时，尤其是推行"成本减半"时，不仅需要革新丰田人成本减半的观念，而且更需要革新丰田人"成本减半"的行为。

第 2 章 | "成本减半"的战略误区

这些利润不是通过剥夺我们数百家合作公司的刻薄生意而来，而是确保交易各方有利可图的盈利。

——丰田汽车前社长　丰田英二

01 / 一味地降低采购价格

降低成本的方式很多，但是对于一个急于降低成本的企业而言，减少采购成本无疑是最快、最有效的一种解决办法。尤其是实现策略联盟，就比单纯减少采购成本要好得多。究其原因，实现策略联盟"集思广益"的具体体现，也是采购负责人一项重要的素质。

在大野耐一看来，丰田的成功归功于其成本控制战略。当然，大野耐一直言，很多企业都是采用低价采购零件，一般是召集多个企业，索要大量报价单，让供货商竞相压价。

一旦通过这种方式降低成本，其做法无疑损害了合作的相互信任。其原因是，那些合作的企业因为总有一天会无法承受降价要求而被拖垮，甚至所有供货商会停止与其合作。

为了能够找到愿意接受自己要求的企业，一些企业从 A 公司找到 B 公司，再从 B 公司找到 C 公司，逐个谈判，最终自己也因此而疲惫不堪。

事实证明，企业降低成本自然少不了合作企业的积极配合，但是由此就提出"我公司确定了将成本降低两成的目标，所以要将采购价格调低两成"的做法显然过于粗暴，或许合作企业为了维持合作会在第一年、第二年勉强接受。

大野耐一直言，如果丰田采用这种粗暴的模式控制成本，尽管丰田利润因此会有所起色，充其量不过是"从合作公司的利润中搜刮"而来的利润。在大野耐一看来，丰田的成本控制不是凭借威逼欺骗合作者，也不是整天想着"怎样以低价采购"，而是通过流程协同的做法控制成本。因此，丰田有些高管不假思索地向供货商提出一刀切的降低成本的要求，显然是误入了丰田降低成本的歧途。

为此，丰田前社长丰田英二多次强调，如果丰田仅从供货商的采购中单方面降低其采购价格，这肯定不是一项明智的做法。

在丰田英二看来，丰田这样做不仅损害了与丰田长期合作的伙伴的利益，而且也破坏了供货商有利可图的、维系其企业生存和发展的利润。

在接受《读卖新闻》采访时，丰田英二列举了如下数据："贵公司一直以来给我们的价格是一件 6000 日元（约 349.39 元人民币），现在有家公司只要 5000 日元（约 291.16 元人民币），你们能不能也只要 5000 日元（约 291.16 元人民币）？"

丰田英二还举例说，一个小型零件制造商接到了某个多年合作企业的最后通牒，该制造商尽管在以往的合作中曾多次答应他们的降价要求，但是经过自己合理化的努力后，终于达到了极限，实在无法接受合作企业的降价要求，只好无奈地答复合作企业"此次实难从命"。

基于此，该制造商的社长告知合作企业，不再给合作企业供货，同时马上停止对其订货。事情到此并没有结束。过了一段时间后，合作企业负责人再次电话联系该制造商说："6000 日元可以接受，还是希望与你们合作。"

就这样，该制造商再次与合作企业重新开始合作。原因是同意以 5000 日元供货的企业生产的零件问题重重，于是才不得不回头再次与该制造商合作。

丰田英二坦言，再次合作的这种情况是极为罕见的。一般的，一旦双方的合作关系破裂，往往是很难轻易修复的，即使能够修复，也必须接受制造商的价格和要求。

基于此，作为经营者，要想使企业拥有强大的竞争力，降低成本就是一个必须迈过的门槛。

据丰田英二坦言，很多企业会以两年、三年为限，往往制定一个降低零件制造成本 2—3 成的目标。为了实现这个目标，无疑就会精减过多的采购渠道，或者强行地要求供货商满足其苛刻的优惠价格，一旦供货商不接受下调采购价格的要求，就终止合作。

基于此，很多供货商明知其不可为而为之，就这样一级一级地传递开来，一级供货商传递到二级供货商、三级供货商。就这样，前面提到的要求降价和终止合作的事情屡屡发生。

某企业的管理人员向员工下达降低2—3成的成本指标的指示后，其降价方案殃及子公司，子公司负责人于是感叹说："这些方案就好像穿着别人的裤衩去相扑，公司到底在做什么呀？下属提出这种建议，可见多么缺乏危机感。真是心烦。"

这样的案例足以说明，太多采购负责人错误地认为，企业制定"制造成本降低两成"的目标，就等于"要求供货商降价两成"。不动一点脑筋，一味地要求供货商降低价格，这意味着任何人都能做到，采购负责人就是多余的。

丰田英二曾经在《丰田汽车工业史上空前的利润》一文中介绍："这些利润不是通过剥夺我们数百家合作公司的刻薄生意而来，而是确保交易各方有利可图的盈利。"

在丰田英二看来，盲目地通过压榨供货商提升自己的利润不过是杀鸡取卵。丰田英二举例说，即便是在石油危机后的严酷环境下，与丰田合作的企业组建东海协丰会的150个企业几乎全部盈利。

丰田英二为此毫不讳言，史上空前的利润，是通过与合作企业、集团齐心协力的"合力战带来的利润"，这是一件值得骄傲的事情。丰田这种降低成本的做法至今未变。

从这个角度来看，丰田式的降低成本方法不是单纯地降低零部件的采购价格，而是与合作企业携手降低制造成本。由此，丰田制定了严格的降低采购的价格目标，但同时还考虑如何变革质量管理、成本和交货期等，甚至还不辞辛劳地实地进行指导，使得双方都赢利。

02 ╱ 单纯追求廉价劳动力而进军海外

在多个场合下，渡边捷昭曾告诫丰田管理者，如果丰田单纯追求廉价劳动力而进军海外市场，无疑将是一个非常愚蠢的举动。因为"劳动力费用低廉"而进军海外市场肯定是错误的做法。

在渡边捷昭看来，自己提出的丰田成本减半战略，主要还是建立在精减日本国内的行政部门，彻底变革日本国内的生产，是在将生产方式移植到海外的成功经验推广开来的基础上，否则进军海外终究不过是权宜之计。

不仅如此，追求廉价劳动力而将厂房移师海外显得过于盲目。

在进军海外市场之前，管理者必须要做很多事情。成本减半战略和变革流程管理就毋庸赘言，如果对日本国内臃肿的行政部门放任不管，海外生产辛苦赚到的钱会被行政经费全数抵销，这样的话，仅靠进军海外来实现成本减半战略就是无稽之谈。

华尔街投资专家普遍认为，思科、摩托罗拉、三星等美韩企业是由于在国内遭遇实力强劲的竞争对手而进军海外市场。不过，他们的全球化攻势是以超乎寻常的优质产品和生产技术作为基础；而日本企业并不具有此类优势，相反，它的动机在很大程度上是出于单纯追求廉价劳动力而进军海外市场。

日本一桥大学经济系教授浅子和美分析指出，日韩企业因为本国市场狭小，尽管有国际化市场的经营能力，但是有些日本企业则为了降低劳动成本而选择庞大的中国市场，削弱了国际化的意愿和能力。

部分日本经济学家指出，日本企业已经找到了一个庞大的中国市场，可以把日本接近淘汰的产品倾销到中国，且已经取得不错的销售业绩。但是，部分日本经济学家只看到了硬币的"正面"，而"反面"带来的消极效应被一种盲目的乐观所掩盖。

作为 21 世纪不断成长的市场，中国也有其自身的魅力。华尔街投资专家质疑，日本企业进军海外是否就能解决单纯追求廉价劳动力的问题，尽管进军海外市场，特别是中国市场是作为衡量某个企业是否优秀的尺度，然而，渡边捷昭指出，丰田国际化更加注重丰田管理层认真考虑进军中国市场，必须洞察丰田在日本市场的生产优势，这样不仅能执行成本减半战略，而且更能把握丰田企业未来的前景。

对此，部分日本经济学家认为，就当前来看，在日本本土高成本现状的形势下没有缓和的迹象，更少的日本企业靠抬升股价来应对高成本的竞争。

的确有许多日本企业为了降低自己企业的成本来提升自己企业的竞争优势，争先恐后地关闭日本国内的工厂，取而代之的是在中国扩大生产。

中国吸引如此多日本企业的原因只有一个：那就是中国拥有日本无可比拟的廉价劳动力。渡边捷昭为此指出，丰田进军海外市场，特别是中国市场，能否在中国建立起牢固的生产点和强大的销售网络，无疑将是左右丰田的未来发展的一个重要因素。如果丰田进军中国有明确的战略自不待言，但仅凭"能够降低成本"这一单纯的动机，无疑就会陷入苦战。不仅是同行业的竞争，中国政府的政策、法律等诸多突如其来的变化，也会令丰田惶然。有些企业禁不住中国市场发展的诱惑，进行大型设备投资，但是工厂产量却只有原计划的1—2成。

在渡边捷昭看来，丰田必须强化中国工厂的生产管理，一旦管理方法不善，其生产效率自然无法提高，出现次品的几率越大；人员流动相对较为频繁，其中费时费力地培养的技术工人，尤其是部分关键人才却因为待遇而跳槽；前置时间过长，导致产品大量积压的问题也非常严重。

面对如此问题，丰田的做法是，在这些问题出现之前，丰田就已经解决了。这就是丰田在中国市场获得成功相对容易很多的原因。尽管如此，丰田虽然取得了不菲的业绩，但是其过程并非都是一帆风顺的。

渡边捷昭告诫日本企业家称，在日本工厂都无法解决的问题不可能到了中国就马上可以迎刃而解。因此，进军海外必须清楚其困难，不能仅仅因为廉价劳动力而进军海外，这样企业可能遭遇更加严峻的困难。

渡边捷昭毫不讳言地指出，有些日本企业家仅仅只看到中国廉价的劳动力，就贸然拓展。由于缺乏实地调研，结果因此折戟。其实，这是日本企业进军海外市场中存在的一个最大的误区。

2013 年 10 月，日本明治奶粉悄然告别中国市场，成为中国互联网时代背景下最早退出的奶粉企业。

2013 年 10 月，对于日本明治奶粉来说可谓是一个黑色的十月，在欧美奶粉企业积极备战中国大陆地区每年超过 400 亿元的婴幼儿奶粉市场时，胆怯的日本明治奶粉经营者居然以退出中国大陆市场作为自己的告别仪式。

当世界顶级的奶粉品牌鱼贯而入中国大陆市场的今天，日本明治奶粉的退出无疑是对一个 400 亿元的市场关上了大门，这自然是一次失败的尝试。

2013 年 10 月 24 日，日本明治乳业总部对外发布信息确认，明治乳业暂时全面退出中国大陆地区的奶粉市场。在以后会根据中国大陆地区的奶粉市场状况的变化，重新考虑进入中国大陆地区市场的可能。

其实，明治奶粉退出中国大陆地区的迹象早已是公开的秘密。从 2013 年春节开始，明治退出中国大陆地区市场就已经确定。据明治奶粉经销商介绍："春节后，明治就不再允许经销商做进一步的市场拓展，发货也是有一搭没一搭。我们就知道明治不准备在中国继续玩下去了。"

该经销商非常清楚，明治奶粉败退中国大陆地区市场几乎是必然的结果。该经销商的观点是："在中国市场，你必须学会高举高打、重金投入，现在奶粉市场就是这样，你敢加大投入大家就陪你一起赌，众人拾柴火焰高嘛，你自己都不敢下大注，谁敢陪你玩？"

据资料数据显示，1997 年，明治株式会社进入中国大陆地区市场，不过直到 2007 年，明治株式会社才在中国大陆地区设立了明治乳业贸易（上海）有限公司，涉足中国大陆地区乳制品市场，这距离进入中国大陆市场已经10年了。

2013年10月，明治奶粉方面称，明治旗下婴幼儿奶粉产品包括：明治珍爱儿、明治珍爱宝、明治珍爱童、明治珍爱妈妈。2013年10月25日以后，上述产品的库存在售完后不再向经销商补货。在这之前，明治很早就把多地的销售点给撤掉了，也不给研发费用了。

对于明治奶粉溃败的原因，多位乳业人士认为："欧美厂家都在疯狂地砸钱圈地，明治费用投入少，而且只将重心放在华东市场。"

可能读者会问，究竟是什么原因导致明治奶粉败走中国大陆地区市场呢？在这里，我们列举日本明治乳业总部、学者及经销商的看法。

（1）日本明治乳业总部给出的解释是：中国奶粉市场竞争激烈，同时随着奶粉生产成本上涨，在中国市场的收益难以提升。

（2）时任普天盛道董事长的雷永军对明治奶粉的败退分析较为理性和客观，雷永军说："我刚去广东做了调研，发现明治奶粉在广东主要走的是KA渠道（大型连锁，如营业面积大、客流量大的门店），这类渠道费用极为昂贵，但是明治的销量却很小，这说明明治每年都在亏损，拖得越久就亏得越多。"

（3）一些经销商毫不掩饰地坦言，中日政局关系的不稳定，导致一些日本企业在中国大陆市场的战略犹豫，使得战略性资金投入大大减少。一些经销商说："这几年中国奶粉市场在疯狂增长，欧美厂家都在疯狂地砸钱圈地，明治费用投入少，而且只将重心放在上海、江苏、浙江三地，那业绩不佳是自然的事。"

的确，在中国大陆地区市场，奶粉常规的销售渠道主要有三类：第一，以沃尔玛、家乐福等大卖场类的 KA（"重点客户"）渠道，此类渠道销售费用最高，进入者大都是中外一线品牌，那些自诩高大上的洋奶粉热衷于此类渠道；第二，母婴店渠道，此类渠道成为中小奶粉品牌的市场抢占之地；第三，电商渠道，随着电子商务的普及，越来越多的新品牌和小品牌更加受到消费者的偏爱。

一位熟悉明治乳业人士在接受媒体采访时说道："明治这么多年来一直走的是大区域代理路线，自身没有什么销售团队，全靠经销商运营，品牌又不如欧美有穿透力，要赢得市场谈何容易？虽然明治给的毛利和其他洋品牌差不多，但是除此以外，没有其他更多投入了，不派人也不投入广告、缺少促销推广。"

根据《21 世纪经济报道》的数据显示，明治奶粉的推广费用很低，没有广告费用，也缺乏促销推广，见图 1。

明治奶粉推广模式

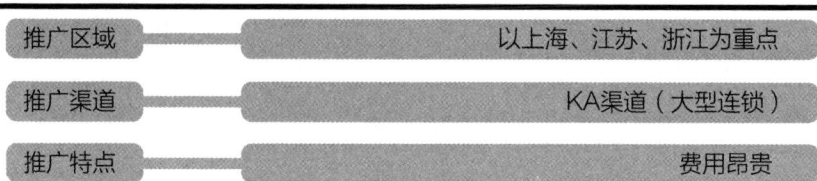

推广区域	以上海、江苏、浙江为重点
推广渠道	KA渠道（大型连锁）
推广特点	费用昂贵

明治奶粉与其他洋奶粉对比

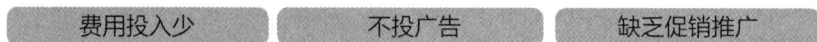

费用投入少	不投广告	缺乏促销推广

数据来源：《21世纪经济报道》。

图1　明治奶粉的推广模式和与其他奶粉对比图

在乳业人士看来，明治奶粉本身的销售策略出现问题，败退是必然的。在京东商城上的一组数据说明了很多问题：雅培奶粉的消费购买评价有6万余次，而明治仅为77次。此后，2010年，日本发生大规模口蹄疫，明治奶粉一度被禁，而后又遭遇日本核泄漏辐射危机，为重返中国市场，明治将原产地从日本改为澳大利亚，但一些明治的忠实拥趸追捧的正是日本的原产地，而非澳洲产地，这让明治又遭遇双重打击。[1]

让明治奶粉穷途末路的是，中国大陆地区为了规范奶粉市场，国家发改委于2013年5月对明治在内的知名奶粉企业展开反垄断调查，尽管明治奶粉由于"积极配合调查"而没有遭到处罚，但是

[1]　张汉澍：《明治奶粉败走中国："轻投入"陷阱，败给中国式推广》，《21世纪经济报道》2013年10月25日。

明治不得不对旗下的珍爱系列四个单品奶粉进行降价销售,其降价幅度为 3%—7%,并承诺在今后两年内以此优惠价格供应中国大陆地区市场。

乳业圈内一位实业人士为此评论说:"明治或许感受到,中国市场上'规范'外资行为的力量在增强,这可能是压倒骆驼的最后一根稻草。"

笔者非常认同该实业人士的观点,"规范"外资行为不过是一根导火索而已。从 2013 年 6 月—2013 年 7 月,不管是线上还是线下,婴幼儿奶粉的价格都在全面地松动。在很多传统的零售渠道,如大型商业超市、母婴店,各种名目的促销优惠活动都在如火如荼地持续不断进行着,不少奶粉价格的降幅竟然在 38%以上。

在电商渠道上,如天猫、京东等电商平台,年中的促销活动更是激烈,国内外奶粉品牌都在争相降价促销,甚至把奶粉价格拉低了 200 元,甚至 200 元以下竟然成为价格的主流。在这样的背景下,奶粉价格进入下行通道,这在奶粉行业中已成为共识。面对这一切,明治奶粉却止步不前。

在"互联网+服务思维"下,互联网+服务已经成为各行各业的新常态。"互联网+服务思维"的魔力非常巨大,能让一个又一个传统行业竞相折腰的根源就是抓住了消费者的核心诉求。在这场互联网＋服务的过程中，君乐宝婴幼儿配方奶粉以 130 元 / 罐颠覆性入市，从而拉响了奶粉的价格战。正如小米对手机行业的颠覆，君乐宝奶粉在奶粉市场引发的"鲇鱼效应"已见成效，其 130 元 / 罐的价格已经成为市场价格拐点。婴幼儿奶粉，正在成为下一个被互联网思维颠覆的传统行业。①

反观明治的失败，由于日企本身的傲慢与偏见，无视"互联网＋服务"的重要性，其败退中国也是必然的。究其原因，在中国大陆地区，传统的线下渠道销售仍然占据近 40% 的市场份额，其中各方的利益纠葛呈现盘根错节的问题。为了更好地激活互联网＋服务和传统零售渠道，很多品牌奶粉企业尽管保持线上线下统一的销售价格，但却是雷声大、雨点小，消费者并未真正地享受到实惠。

在三聚氰胺事件之后，中国奶粉集体沦陷，为了夺回被跨国品牌企业抢占的市场，君乐宝奶粉展开新一轮的攻坚战，为了激发互联网思维的活力，开启了自己的营销攻略。与其他跨国奶粉品牌对"互联网＋服务"欲迎还拒不同，君乐宝奶粉从一开始就选择了互联网渠道，即 100% 采用线上渠道销售，这种破釜沉舟式的思维革命率先打破了中国大陆地区的奶粉高价现状，从而引发了奶粉全行

① 周斌、叶彬彬：《君乐宝互联网思维引爆奶粉降价潮》，《长沙晚报》2014年 7 月 10 日。

业的蝴蝶效应。

此前，君乐宝乳业奶粉事业部总经理刘森淼曾公开誓言："两年内倒逼整个行业降价，实现国内奶粉价格理性回归。"从当时的市场表现来看，这一豪言有望提前兑现。正是在"互联网 + 服务思维"的基础之上，开启了"互联网 + 服务思维"的引擎。

日本明治奶粉并非兵败中国市场的个案，但是在日本企业界有两种不同的看法：第一，曾在中国开办工厂，并在理光的生产相关公司、理光 Unitechno 担任负责人的神户健二充分联系到在中国生产的有利和不利因素后总结道："中国的劳动力费用的确很低，但考虑到将设备从日本带到中国的费用，以及从日本派人前往中国的经费，我有时会怀疑是否真的能赚钱。很多时候成本计算是一笔乱账，因此不少企业可能总觉得自己赚钱了。如果不看生产的本质，可能会引起错觉。"

第二，当优衣库（UNIQLO）等服装缝制部门接二连三地移师中国后，有些企业经营者却坚守在日本本土生产，World Industry 的负责人坦言："缝制本身所需的劳动力费用的确很低，但是在中国的前置时间大约需要 5 周，而我公司的前置时间是 5 天。综合考虑这些方面，我认为在中国生产并非绝对便宜。"

上述两家企业负责人承认中国劳动力费用相比日本更加低廉，但是较为理性地看待中国廉价的劳动力，同时结合日本国内"既快又好又省地生产"，进军中国无疑能够为其提供新的利润增长点。当然，此类企业即使进军中国市场，其成功的可能性也很大。

当然，如果企业本身没有在日本国内付出足够努力也没有提高自己的核心竞争力，那么此类企业即便移师劳动力费用低廉的中国市场，也很难获得成功。

这样的事实足以说明，对于任何一个企业来说，进军海外市场，企业经营者不但要充分地利用好海外的廉价劳动力，同时还必须增强企业自身的竞争优势，这才是一个企业的国际化战略获得成功的关键。

为此，渡边捷昭强调，在丰田海外拓展中，不仅是修建工厂、带去设备，同时还有丰田的生产思路，即"丰田式"也必须一并移植过去。为此不是派人亲赴现场进行口头或书面指导，而是身体力行给予支持。"丰田式"生产正是这样传授给当地的人们，并形成风气扎根于此。

在渡边捷昭看来，成功进军海外市场的关键，不能片面地追求费用低廉的劳动力，一旦中国某地区的劳动力费用上涨，该企业势必就需要将工厂转移到费用更为低廉的地区。如此反复，这样的结果，只能将工厂最终转移到劳动力更加低廉的他国市场了。

03 / 依靠设备解决"成本减半"战略问题

部分日本经济学家提醒日本企业家，如果仅仅依靠设备来解决降低成本问题，便容易进入误区，因为依靠设备解决"成本减半"战略是一把"双刃剑"。

在这些经济学家看来，先进的制造设备的确能够有效地提升企业的竞争优势，但是过剩的制造设备无疑让企业背上沉重的包袱。

通过查阅日本企业研究后发现，日本企业存在的"三个过剩"（雇佣过剩、设备过剩、债务过剩）问题较为严重。

在这"三过"中，其核心是由于"设备过剩"导致的。由于设备投资过剩，就需要雇用更多的员工，自然就欠下更多的债务。

为了解决设备过剩问题，一部分企业为此进行了自我调整，不是毅然地将旧制造设备废弃，而是通过压缩新的设备投资，直接导致制造设备投资下降和机械订货接单减少。

这部分企业的做法一方面影响了日本部分企业景气的恢复，另一方面又影响了部分企业导入新技术的速度和热情。

尽管经过了几年的"重组"（包括裁员、关厂），但是目前仍有大约四分之一的企业还没有完全卸掉"三过"这个沉重的包袱。

为此，渡边捷昭在接受《日本经济新闻》采访时坦言："构建以人为本的生产线乃时代趋势，丰田即时生产的宗旨在于，'只生产畅销产品'，一旦沦为生产卖不动的产品，这本身就是一种浪费。倘若误将滞销产品当作畅销产品生产，更是不合理的事情。这就要求必须严格地把握畅销产品的研发和生产，以及'所需数量'。"

基于此，在完善增产体制时，企业需要形成一套应急体系，使其能够切换到减产体制上，同时还需要优先考虑彻底地优化现有的制造设备，绝不能轻描淡写地依靠制造设备来解决降低成本的问题。

渡边捷昭举例说道：即使是 IT 方面，也同样如此。究其原因，只有当产品和信息同步传播时，甚至需求前置时，其生产活动中的互联网化才能有效地发挥最大化的作用。倘若产品的生产方法一切按照过去的思维，只是优先考虑信息技术的投资，那么其结果只会增加所投资部分的成本。

客观地讲，信息技术能够降低成本，有的企业因此引进了最新的设备，旨在对数量庞大的零件数据加以整理，有时只需一个按钮就能清楚地查到供应所需零件的位置和数量，这样的设备的确是一件"好东西"。

新设备本来能做到"将所需物品在必要的时候以所需量"供应给生产线，最大化地降低了成本，杜绝生产浪费，但是由于沿袭了零件大量生产时期的大批量供应，一旦实现多品种少量生产，就必须清点出所需数量的零件，剩下的运回仓库。如此一来，反倒是添加了工序，设备也徒增成本，更成为实现多品种少量生产的桎梏。

为此，渡边捷昭进一步强调称：一味地依赖设备的经营者，总是会在某些方面忽视员工的存在。在渡边捷昭看来，人不应该完全听命于机器。未来的生产活动，必须建立在以人为本的生产线上，才能使"生产与销量挂钩"成为一种可能。

比如：20 世纪 90 年代，中国的一个赴日考察团察看了日本的大型设备后，深受震动，说道："如果有这么好的设备，我们就能生产出更好的产品。"

中国赴日考察团的震动并不是因为日本企业拥有先进生产技术，而是被宏大的生产规模、最新设备一字排开的壮观景象所吸引。

考察归来，于是热衷于过度的设备投资，积极引进最新设备。在新一轮的 IT 热潮中，很多大型机电制造商也开始大张旗鼓地进行设备投资，并不断地增产。

当热潮退去后，剩下的就只有那些大型设备。当固定资产占用大量现金后，也就没有余力来进行新的投资了。

在某公司，由于生产同一种零件，且在多个工厂生产，重复投资情况之严重，甚至彼此"不知道别的工厂也在生产"。

这样的错误决策误将 IT 热潮带来的"假象需求"当作"实际

需求"，同时又盲目地进行设备投资，以为它会"长久地保持发展"，这些过剩设备竟然成为阻碍企业发展的障碍。

客观地讲，在那个设备落后，需求增长非常巨大，而又无法得到满足的年代，有些企业为了满足上涨的需求，积极地引进大型设备，同时还推动自动化。在初期，这些企业也因此得到了较快发展。

然而，由于畅销产品的种类和数量都在不断地变化，曾经以设备为核心的生产活动已经无法再跟上这样的变化，于是突然之间就出现了设备过剩积压的问题。

为此，大野耐一指出，对于丰田降低成本的战略，如果仅仅像以往其他企业那样依赖设备的做法显然是不够的，而且也是有限的。

大野耐一曾介绍过，理光 Unitechno 成功地构建了以丰田生产方式为基础的新型生产线。以前，丰田采用多条传送带进行生产。后来由于放弃了传送带生产，转而采用自主开发的搬运车生产线，电力消耗可以减少到原来的 1/80，其所需的电力全部由太阳能发电提供。

在大野耐一看来，很多企业之所以依赖设备，是因为他们缺乏智慧。丰田这样的转变说明，用更少的能源，更快、更省地生产更好的产品，需要改变以往依赖设备的思路，在降低成本时另辟蹊径。

从这个角度上分析，争相引进新设备来降低成本无疑是错误的做法。在大野耐一看来，丰田生产方式将员工的智慧赋予所有机器和设备并加以使用，哪怕是陈旧的机器设备，但凡能够保证 100% 的"可运转率"，一旦需要其运转时马上就能运转，也可以确保它的"挣钱能力"，而完全凭借拥有多余设备是缺乏"智慧"的具体表现。

04 / 变相裁员降低成本

一般地，通过裁员降低成本，这其实就是一项非常愚蠢的行动。1995 年，Connecticut Mutual 寿险公司的高管试图通过裁减雇员来降低成本，具体的做法是买断了 1675 名员工的工龄。

让高管们没有想到的是，其结果是大约 900 名（即公司期望裁员数目两倍的员工）接受了买断。不得已，该公司又重新招募了 400 名员工弥补空缺的岗位。为此，Connecticut Mutual 寿险公司为此多付了大约 1690 万美元的解雇费。

柯达公司也曾这样做过，为了弥补解雇后的员工短缺，柯达公司在生产高峰期将业务外包。在通常情况下，完成同样的工作，外包商的要价是柯达公司支付给被裁员工薪酬的 3—4 倍，最终柯达公司不得不重新招募新员工来弥补原先裁掉的职位空缺。

上述这两个案例并非个案。为此，渡边捷昭曾告诫丰田管理者，如果丰田真的要通过裁员降低成本的话，那么最好的办法就是将裁减人员的"省人化"改成少数人工作的"少人化"，因为相对减少人员的"省人化"，丰田更加崇尚"少人化"的方式来发挥创意工夫，使得少数员工就可以开展工作。

渡边捷昭认为，丰田不提倡一开始就聘用很多人，结果发现人满为患时就裁减，这样的做法其实并不能保证成本降低，而是应该从一开始就考虑如何让少数人来完成合理的工作任务。如果到此尚有"余力"，就发挥余力，力争实现"灵活用人化"来推动新一轮的变革。因此，一旦裁减人员的企业按照上述方法决定裁员，大概就是不得已而为之。倘若在招聘时就大量录用，未加以很好地利用就予以整饬，这会让企业管理者和企业的信誉受到质疑。

从这个角度来分析，仅仅是剔除人员的重组无疑是一个错误的举动。其理由是，对于减少人力资源来降低成本，根本不是改变企业的经营方式或是转型，只不过是通过裁员降低劳务费带来的效果。

笔者曾经采访过一个日本企业的领导，他坦言："我们在日本的企业最初预测为赤字，结算时却奇迹般地扭亏为盈。尽管销售额比去年大幅减少，但通过大张旗鼓地征集有意退休者，并压缩劳务费，这就为结算盈利创造了可能。"

当然，一旦销售额达不到预期，确保利润的最便捷的办法之一就是压缩劳动力费用。其方法较多，比如征集有意退休者，或者削减员工的年收入等。

在减薪方面，一些企业经营者这样做无疑减少了用工成本的压力，又能"使所有员工普遍产生危机感"，美其名曰"为了让全体员工齐心协力创造利润"。

渡边捷昭认为，上述说法无可厚非，但是这样做的结果是，"重建事业"的"重组"与"解雇员工"画等号。管理者如此操作可能激怒员工，原本确定数千名有意退休者的名额，最终申请者仅仅寥寥数人，或者愿意离开者响应过多，反而要公司出面挽留。

由此可以看出，丰田国内成本高昂的原因之一的确在于过高的劳动力费用，但是，"裁员是降低成本的最佳途径"的想法无疑是值得商榷的。

在日本企业界，通过裁员来降低成本，很多企业家并不赞同，丰田前社长的渡边捷昭认为，日常贯彻落实降低成本，就无须裁员。20 世纪 80 年代的日本，由于经营不善，很多化学制造商都背负巨额债务，其艰难程度可想而知。不过，信越化学工业却一枝独秀，保持着良好的发展态势。

时任该公司总裁的金川千寻曾在接受采访时说道："我们平时

就注意不聘用多余的员工,并全面地降低成本,所以无须裁员。"

在金川千寻总裁看来,对质量和对成本控制苛刻的态度支撑着该公司的良好业绩。在丰田公司,类似金川千寻总裁的观点在管理层比比皆是,丰田前董事长奥田硕在记者招待会上回答关于裁员的问题时说:"除非万不得已,才考虑裁员。但是必须另行追究管理者的责任。"

奥田硕的做法借此再次严肃地批评了依靠降低成本的管理者。的确,奥田硕非常反对裁员,他指出,通过裁员来降低成本的做法并不可取,曾经表示"炒员工鱿鱼的管理者应该引咎辞职"。

在日本企业界,多数企业家同样持类似观点,保持良好业绩的理光公司的滨田广董事长也曾有如此表述:"如果非得裁员 100 名,第 100 名就是自己。"

从这些管理者的发言和姿态来看,就能感受到奥田硕"不解雇员工是管理者最高的品德"这句话的分量。

当然,尽管这些管理者反对草率裁员,但是却严格要求员工的工作质量。以丰田集团为例,丰田平时不会聘用多余的员工。

丰田这样做的结果是在生产现场的工作人员,个个都是多面手,必须拥有多种技能。由于丰田的标准化作业相当完善,员工根据不同生产状况的需要,既可以在 A 工厂工作,也可以在 B 工厂工作,这样就避免通过裁员来降低成本了。

不仅如此，奥田硕平时就注意让员工贯彻落实作业变革、工序变革的流程化管理。当然，在此过程中，也在不断地努力降低成本，正因为他们日常贯彻落实降低成本，自然也就没有必要裁员了。

第 3 章 ｜ 降低成本就必须革命、革命、再革命

想要将变革贯彻始终，就不应惧怕混乱而开倒车，一旦开始，就必须坚持变革、变革、再变革的信念。

——丰田前社长　渡边捷昭

01 / 对所有经费项目进行全面变革

随着世界经济周期性震荡，企业家们为了应对内外部的变化，"变革"就成为他们不得不面对的一种解决办法。

近几年，变革已经成了管理学界一个较为时髦的术语，不仅被太多的人——企业管理者、大学教授天天挂在嘴边，甚至被数不清的咨询与培训公司所推崇，以至于"变革"近乎陈词滥调。

在这样的背景下，上至企业的最高决策者——老板，下到一个初出茅庐的求职毕业生，都试图把自己塑造成一个狂热的变革者，使得自己尽可能地追上潮流，奋力地站在时代的潮头上。

的确，一个企业，尤其是跨国企业，其由小到大，由弱到强的成长过程从某种意义上说都是一个持续的变革过程。

在这个过程中，不管是企业战略的调整或企业文化的再造，还是具体的工作流程的改进或一个加工工艺的革新，无不如此。

在丰田公司，尤其是成本减半战略中，渡边捷昭依然坚持着自己特有的变革思维。降低成本，需要执行一套完整的成本减半战略。

在渡边捷昭看来，倘若丰田要确保20%—30%的利润，就必须变革、变革、再变革。为此，渡边捷昭指出，丰田为了降低成本必须变革，不是局部变革，而是以所有经费项目为对象的全面变革。

渡边捷昭指出："丰田想要达到大幅度降低成本的目标，仅仅凭借老一套的做法肯定是不够的，必须坚持丰田的成本减半战略——杜绝浪费。"

在此过程中，一旦发现浪费，就要消除浪费，同时将其标准化。与此同时，还通过一系列流程管理，将现实问题逐个解决并实现降低成本的终极目标。

渡边捷昭为此说道："如果市场变化能够等到我们实现终极目标当然好，但如今时不我待，想要在短期内一鼓作气达到目标，就需要更动态地展开。"

渡边捷昭指出，削减材料费和劳动力费用的效果显然非常有限。想要达到成本减半的战略，有效地降低成本就需要以整体经营为对象进行彻底变革，一旦不针对损益表的所有经费项目进行变革，丰田将无法获得压倒性的成本竞争力。

渡边捷昭回忆说道："一开始就针对所有经费项目会比较吃力，初期可以从亟须处理的部分着手，并最终针对所有经费项目进行。时代要求丰田以整体为对象来推动变革。"

渡边捷昭解释说，"什么是成本"，丰田可以表述为每件产品多少钱。这意味着，在竞争中克敌制胜的成本就并不是如此简单的事情。按照客户期望的质量和时间，丰田不仅要完成供货任务，同时还需要在成本上也能胜出。这些因素都是降低成本需要考虑到的，倘若不针对所有经费项目进行全面的变革，丰田将不可能实现成本的降低。

基于此，丰田既然是以整体为对象进行变革，作为领导者就需要有足够的思想准备。如果领导者没有"坚持到底"的意志，就会落得轰轰烈烈开场，悄无声息收场的结局，甚至使得更多项目遭遇搁浅。

另外，还有一种可能是，最初可能是丰田上下齐心，怀着某种危机感开始。当一两个月后，一旦小有成效，丰田人就会沾沾自喜，变革的步伐也就因此停滞不前，不知不觉地一切又恢复了原状。如此反复，当丰田想要再次推动变革项目时，丰田人以为还是原来的那一套。

为此，渡边捷昭强调，自从丰田实行成本减半战略实施以来，丰田的变革绝不能停滞不前，必须强力地推行下去，因为成本减半战略的变革要是不坚持到底的话，丰田的未来根本就没有出路。

当然，想要让变革在丰田扎根，如果没有强力变革的勇气，丰田是很难持之以恒的。变革是实验和失败的反复，失败才是下一次成功的能量，营造"轻松愉快执行迅速"的氛围也是领导的重要作用之一。

渡边捷昭进一步指出，在丰田变革中，需要强调的是，转变丰田风气的机制变革必须一气呵成。当然，对于丰田实现"成本减半"所需时间因丰田公司面临的状况而异，但就当前来看，很难保证太多的时间。在日本，一些企业经营者总是希望在半年或者一年的时间内出效果，可能往往会事与愿违。

渡边捷昭举例说，许多随处可见浪费的企业，仅从工厂来看，有些甚至"生产现场掉银子"。像这样的企业，只需要消除浪费就能降低成本，且获得的成效较为显著。因此，渡边捷昭认为，丰田实际上变革本应投入 1 年多时间，可能的话需要 2 年。

渡边捷昭坦言，如果丰田领导者和公司顾问推行强权，在短期内也能够达到一定的成效，不失为非常时期的非常之策，但是倘若想要让变革扎根在员工的心中，这在短期内是无法实现的。主要是局部变革只是快刀斩乱麻，消除的仅仅是某个部分的浪费。丰田想要实现针对全部经费项目的整体变革，进而转变丰田一气呵成的机制变革，就需要培养每个员工具有变革的意识，并实际做到"有所发现马上行动"。一旦仅仅停留在发现浪费上，却一味找各种托辞，不付诸行动，那么"成本减半"的变革终将无法推行，也无法持之以恒。

基于此，丰田全体员工的观念革新才是保证转变公司风气的绝对条件，渡边捷昭对此较为保守，认为要做好至少 1 年以上时间的思想准备。

为了使变革持之以恒，丰田不能让员工将所有的变革机械地当作任务来完成，而应给予他们自己动脑、自己动手的机会。这是因为要实现"成本减半"，最重要的就是在保持速度的同时，如何让每个员工都加入到变革中来。尽管在短时间内出成效无疑很重要，但是转瞬一切如故的局部变革不会带来真正的竞争力。

部分日本经济学家指出，丰田变革势必会带来混乱，但是，渡边捷昭却指出，为了更好地执行成本减半战略，丰田的变革必须不惧混乱，然后变革、变革、再变革。当然，对于一个公司的变革，很多人都会坚持"自己正在做的是对的"，尤其是习惯的做法与全新的做法相比较时，多数人毫无疑问地偏向习惯做法。

比如，有些库存管理高手，不仅能够准确地知道仓库中存放着什么产品，而且还知道其数量。倘若是其他员工，对仓库里存有什么产品，放在什么地方，有多少肯定是不太清楚，这就无法有效地消除生产中的浪费。

为此，卡尔曼（KARUMANG）株式会社董事长兼社长若松义人曾详细介绍如何全面地对库存进行整理整顿，标注地址编号，使得什么东西在哪里一目了然。

当然，这么做势必会抢走高手们的饭碗。在变革初期，这种角力和混乱可谓是如影随形。许多企业经营者由于惧怕混乱半途而废，或者虎头蛇尾。

曾经有专家断言道："变革就是破坏。破坏之后如果失败了，就再做一个新的。"因此，丰田一旦着手变革，就绝不能开倒车，而应有进一步变革的意志。所以，变革必须以"现在的做法有问题，有浪费，还有变革的余地"的心态去做，否则不会持久。

渡边捷昭在接受《朝日新闻》采访时谈到丰田的成功经验时说："想要将变革贯彻始终，就不应惧怕混乱而开倒车，一旦开始，就必须坚持变革、变革、再变革的信念。"

02／首先要杜绝显而易见的"浪费"，进而推动作业变革

丰田公司为了更好地实施成本减半战略，不仅需要杜绝浪费，同时还必须推动作业变革。为此，渡边捷昭在接受《BP财经》采

访时强调，丰田成本减半战略关乎整个丰田公司长远发展的布局，如果变革一旦失败，那么整个丰田公司将陷入僵局。

在渡边捷昭看来，推动丰田公司的作业变革，关键在于统一丰田公司全体员工对丰田成本减半战略的看法，如果站在相同的立场开展工作，丰田的成本减半战略将会事半功倍，一旦丰田人对事物的看法不统一，任何一项变革都不会一帆风顺。

当然，对于丰田公司"统一对丰田成本减半战略的看法"，部分日本经济学家可能反驳说"这样一来每个员工就会失去自由创意"，其实这是极大的误解。例如，丰田成本减半战略提出"杜绝浪费降低成本"，所谓"浪费"就是不能提升附加值的各种现象和结果，在生产现场可以简单表述为"只会增加成本的生产诸要素"。

在丰田公司，只要细心观察生产现场的作业情况，就不难发现，丰田的作业情况可以将操作人员的行为分为"作业"和"浪费"。

丰田将"作业"又分为能够提升附加值的"实际作业"和不会提高附加值、但在现有作业条件下无可避免的"附加作业"。所谓"附加作业"，是指换产调整或提取零件、拆开零件包装等作业。

在"作业"和"浪费"两个部分中，渡边捷昭始终强调让作业的价值最大化。在丰田，进行变革时，首要解决的问题是杜绝显而易见的"浪费"；其次就是有效地推动作业变革，减少"附加作业"的比例。

一旦发现浪费和附加作业在操作人员的行为中占据绝大部分，那么不管作业人员是多么忙碌地工作，都只能说明一个问题——该员工的行为只是表示他产生了动作，不能称其为在"工作"。

在这样的思路下，丰田的变革就是"将动作转化为工作"。为此，丰田就需要将"什么是工作""什么是浪费"等基础概念明确出来。一旦不清楚，或者不明确，甚至不统一，那么"浪费也是工作的一部分，消除了所有浪费，工作就会变得很无聊"这种意见就会反客为主，在不知不觉间就会形成允许浪费的"潜规则"。

当丰田统一了基础概念后，就可以让丰田的全体员工畅所欲言，有效地讨论"应该如何将动作转化为工作"。

在变革过程中，一旦发现每个员工对关键的"什么是浪费"的看法和想法与标准大相径庭，这样的工作不仅将难以开展，甚至还误将"浪费"当作不是"浪费"，对眼前的"浪费"熟视无睹。在他看来，缩短作业时间比浪费更重要。

于是，操作人员就不能光靠走动，而必须跑动起来，通过提高劳动强度，或者最终不得不偷工减料来缩短时间。这样的问题可能由于该员工的某些失误引发产品质量隐患。

为此，渡边捷昭指出，降低成本就必须杜绝浪费，而丰田员工必须做的就是要使车间里的浪费无处藏身。当任何一个员工在现场时，一旦出现问题，针对"为什么会出现这个问题"，反复问 5 次

"为什么"，然后再查找出问题背后的"真正原因"。

渡边捷昭认为，一旦不查找出问题真正的原因，穷于应付所发生的现象是不会得到正确答案的，仅仅只是一个权宜之计，更有甚者，在出现问题后，有些员工试图掩盖其做法，那更是大错特错。

渡边捷昭强调，只有找到了问题的真正原因，接下来只需要思考其解决问题的对策，思考"该如何处理"。

在这个过程中，真正的成本减半，重要的不是变革的方法，而是必须考虑其可行性，从而最大限度节约成本，对于变革的方法，达成某个目的的方法多种多样。当然，管理者也可以让员工自行思考。一旦出现某个问题，就需要查找其真正的原因，思考其解决问题的办法，如此持之以恒，生产线就能更上一层楼，同时让员工独立思考解决问题对策的过程也是培养人才的过程。

正是因为如此，丰田才实现了"成本减半"的战略目标。在这个过程中，丰田统一了对事物的看法和想法。具体在丰田生产方式上，就是"什么是工作""什么是浪费""（使其）可视化"，更为关键的是，丰田形成了一种机制，使其标准化，并制作标准作业手册。

当员工在遇到某个问题后，反复问5次为什么，查找问题真正的原因。这样的做法就是让每个员工勇于独立思考解决问题的办法。

另外，丰田降低成本的办法还有一个，那就是让全体员工明确成本思维的重要，最大限度地杜绝浪费。

在丰田生产方式中，管理者始终在主张"工作就是和下属斗智斗勇"，向下属下达某个指示时，自己也必须以聆听指示的心态去思考。倘若上司不能随时做到心中有点子，并告诉下属"有困惑就来与我沟通"，这显然就不是一个称职的上司。

作为管理者，心中毫无想法，却对下属的提议指手画脚，甚至妄加评论，比如"应该这样，应该那样"，那么这样的上司就无法成为丰田式的上司，自然也无法培养合格的下属。因此，只有具备了这样的基础，丰田的变革才能顺利前进，"成本减半"的艰巨目标才有望成功。

03 / 只有明确成本减半的标准，才能判断工作的快慢

丰田变革的目的，就是最大化地降低成本，提升自己企业的核心竞争力，从而更好地获得利润，使之成为基业长青的公司。

毋庸置疑，丰田成本减半的目的还是为了更好地降低成本。在丰田，成本减半应该在制定标准作业的基础上试着变革，每次变革后重新修改标准作业，力争进步和提高。如果丰田忽略了这一根

本，那么成本减半的变革可能就会缺乏动力，员工在工作中可能枯燥无聊，死气沉沉地只管做好本职工作，不会花太多心思钻研创意工夫。一旦当每个员工无意于创意工夫，无论如何大声疾呼变革，都只能是雷声大雨点小。

从这个角度来看，变革需要群策群力，让员工正确地了解"我的工作是什么"，进而让他们每天都享受自己的工作。为此，只有明确成本减半的标准，才能判断工作的快慢，否则其变革就可能会搁浅，甚至还会因此进入死胡同。

当然，对于丰田来说，"标准作业"对于丰田开展成本减半战略工作至关重要。说到标准作业，部分日本经济学家都误以为就是以秒为单位规定手脚的动作，毫无人性可言。其实，"标准作业"的内容有如下几个，见图1。

所谓"标准作业"，是指以人的动作为中心、以没有浪费的操作顺序有效地进行生产的作业方法。通常，标准作业由节拍时间（Take Time，T.T）、作业顺序、标准手持三要素组成，见图2。

在丰田，其实"标准作业"是指为了消除员工动作中多余和勉强的动作，有效地确保最顺畅地开展工作而规定的一些做法。

一般的，如果不制定标准作业，或者采取"学习并牢记同事们的动作"，这样的做法所造成的浪费难以想象。原因是，新员工需要假以时日才能熟练地掌握某项工作技能，由于员工的个体差异较

```
┌──────────┐  ┌──────────┐  ┌──────────┐  ┌──────────┐
│基准、标准│  │管理方法  │  │行为动作  │  │时间系列  │
│规范化    │  │标准化    │  │标准化    │  │标准化    │
└──────────┘  └──────────┘  └──────────┘  └──────────┘
```

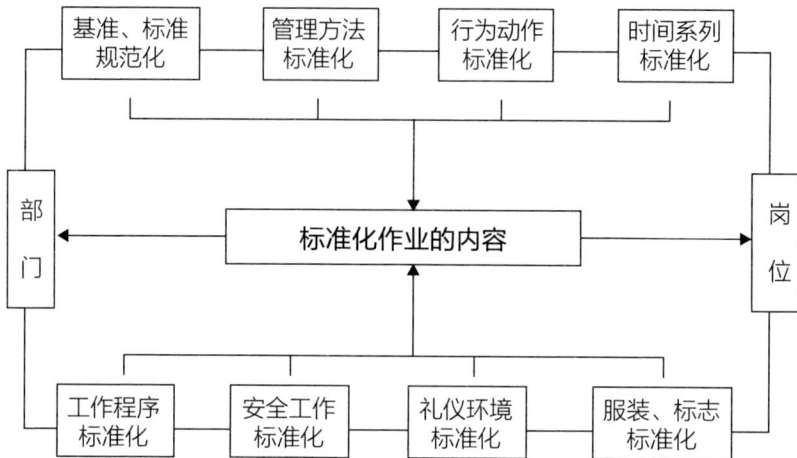

图1　标准化作业的内容

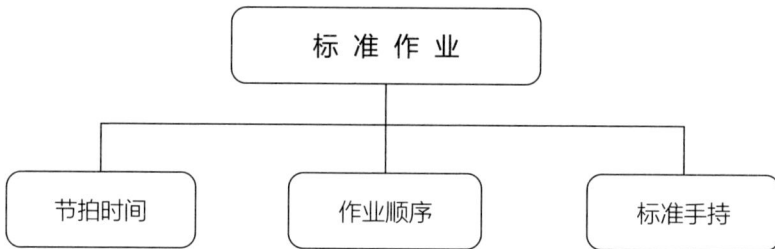

图2　标准作业的三要素

大，加上没有"标准作业"，新员工的工作就只能依靠个人的细心和熟练程度。

　　例如，以拧螺丝为例，管理者只要求"拧紧"，这就会产生个体差异，一旦不够细心的话，员工就可能导致产生次品或发生事故。一旦仅仅依赖员工个人的注意力，其工作方法本身就是一种错误。

倘若在标准作业中规定："拧紧到听见'咔嚓'一声。"无论由谁来拧螺丝，其完成水平都将是一样的。

从这个角度来看，只有明确了作业标准，才能判断员工工作的快慢。一旦不制定标准作业，就可能认为"你的工作方法不对，太慢了"，这样的判断包含管理者个人的主观因素。因此，员工应该经常做客观的判断，并注意偏差，随时修改标准作业，确保最顺畅的工作方法。

04／变革是打破秩序的开始

在降低成本的变革中，有效的变革无疑会打破旧的秩序，同时还可能建立一个新的秩序。在此过程中，企业的变革意味着对一小部分人员或群体的"既得利益"进行重新分割，同时也意味着有些员工不得不适应一个新的作业流程。

基于此，企业变革的过程也注定充满艰难。从某种意义上说，正因为组织变革是如此之难，所以企业各个领域的变革成功率才如此之低。

在丰田的成本减半战略的变革中，丰田的各位社长都在继承其前任的成本变革。渡边捷昭为此在内部讲话中强调，换一种看法，变革就是破坏秩序。以生产活动为例，一旦不需要换产调整就能大量生产同一件产品，虽然很省心，但是随着顾客需求更加个性化、多样化，同一件产品销售大卖的情况也就越来越少，即使是同一件产品，其颜色、规格、设计等也需要富于变化，畅销商品的寿命相较以前也大幅缩短。

在传统企业的做法中，制造商尽管努力预测未来需求，其大规模生产的产品也不可能如预期那样畅销，一旦预测失败，自然就会出现大量的库存。基于此，制造商通常逻辑支配下的生产活动无疑也就难以为继。

这就需要丰田经营者将生产活动的思路转换到以顾客为导向、顾客至上。基于此，丰田的变革归根到底就是按照每一位顾客的要求进行生产，即"单件生产"。

当然，满足顾客的需求进行单件生产，那么其换产调整和零件配送自然将是一项极为艰巨的工作。即便如此，还要尽量满足顾客要求，就会引发各种问题。例如换产调整时间过长、寻找备齐零件的时间过长等，这样的诸多问题势必导致生产效率下降。

丰田的变革就是从解决上述问题开始的。对倾向于维持惯常做法的员工而言，变革毫无疑问就是破坏秩序，而且会彻底打破秩序。因此，一旦致力于变革，试图开展"顾客至上"的变革，一定要有足够的耐心和诸多员工不配合的思想准备。

在很多企业的变革中，经营者将变革止于远离顾客的水平，无疑可以避免混乱。遗憾的是，其效果不是很显著，甚至还会大打折扣。

企业变革如此之难，以至于只有真正的变革者才能真正将变革进行下去。在通用电气前 CEO 杰克·韦尔奇看来，真正的变革者往往不超过 10%，而另外的 90% 都是伪变革者。

在很多企业中，我们经常听到诸多问题，如，"别费劲了，没有办法的""我们试过了，解决不了的""这个问题我们一直都解决不了，没办法的""×× 都解决不了这个问题，我们怎么能解决呢？""我们是国企，这种问题是体制性矛盾，我们无能为力"等等。

在很多经营者看来，变革注定要失败，变革是没有出路的。于是，他们尽可能地少变革。为此，神户健二曾如此说过："假设复印中心正忙得不可开交，这时有顾客需要复印 1—2 张。想要满足这位顾客的要求，就需要中止作业，更改设置后复印，这是一种换产调整。按照以往的做法，答复一句'现在很忙'就行了，但这种态度没有体现顾客至上。首先应该了解顾客的情况，如果他有时间，就为他准备茶水或杂志，以免浪费他的宝贵时间；如果他没有时间，哪怕更改作业设置也要为其复印。标榜顾客至上的企业很多，但我认为有不少都是将企业的逻辑强加给顾客。"

上述案例并非个案，某个连锁酒店也面临同样的问题。该酒店为了满足顾客需求，增加了菜肴，但是多而散的点菜，让酒店厨房顾此失彼，有时会让顾客等上几十分钟。

倘若所有的菜需要时间相同的话，那么就不存在上述问题。但是，现实问题是，有些菜肴加工的时间相对很短，很快就能做好，但是有些菜肴需要很长的时间才能完成，容易引发混乱。

按照惯例，厨房并不是按照先点的菜先做，而是根据自己的实际情况，容易做的菜肴先做。然而，该酒店总店为了追求特色，不断地增加新品菜肴。

鉴于如此情形，反而可能会引发顾客的不满，因此增加大量的投诉。不管是复印中心，还是酒店等服务行业，由于其生产流程不相同，在变革时，必须考虑清楚，否则反而会引发混乱。

在神户健二看来，不管是制造商也好，还是服务业也好，很多企业变革的本意，是为追求"顾客满意度"。然而让经营者没有想到的是，好心的变革却引发企业内部混乱，导致诸多的不良后果。因此，在变革中，当经营者感觉到"习得性无助"时，此刻未必真的无助了，经营者需要的是一个清醒的头脑和一双明亮的眼睛。

究其原因，管理者"不能看见"组织变革困境中的机会并不可怕，因为当前确实无法解决其问题，或许只是管理者能力不够的问题。

当管理者无法解决的问题，比如能力不够，可以通过学习提高自身的能力，甚至更换一个能力更强的管理者。但是，管理者对组织变革困境中的机会"视而不见"，这却是一件非常可怕的事情，因为这更可能导致变革因此搁浅。

丰田英二坦言："我认为，切实做到以成本减半战略为尺度，才是从事生产的企业应有的'哲学'。"在丰田英二看来，想要避免变革以"变革的儿戏"收场，使其出实效，就应该随时随地以成本减半战略这一尺度去衡量。只要切实以此为尺度，对事物的看法和想法就不会动摇，也不必担心变革引发混乱而走回头路。变革是为了降低成本问题，这才是丰田变革的出发点。

05／流程变革建立在与"销量"挂钩的基础上

对于丰田的变革，渡边捷昭在接受《每日新闻》采访时谈到对丰田变革的看法。渡边捷昭谈道："我希望通过成本减半战略的管理，能够看到一个世界一流的丰田。这应该是一个建立在主动性和创造性之上的动感的、富裕的企业，具备强大的竞争力，是行业的代表，拥有忠实的用户群。我们将经历种种艰难，但一定要达到目的，让下一代过上更好的生活。把丰田的精神与个人联系起来，我发誓将倾注我的财产、名誉和生命，竭尽全力将丰田发展成为世界一流企业。"

在渡边捷昭看来,小打小闹的局部变革作用非常有限,从成本减半战略的近处开始变革,逐步推进,就会发现"变革成本减半的战略问题在哪里"。因为以低廉的成本生产高端的产品,除了强调变革以外,还是变革,只有这样,丰田20%—30%的利润才能实现。虽然这绝非易事,但是日积月累的变革就能转型为与"销量"挂钩的生产活动,最终缩短前置时间,于是减少了库存的成本,降低成本亦成为可能。如今,将卖不动的产品当作畅销产品加以生产可谓最大的决策失误,只有变革这样的战略,才能随时意识到畅销产品对丰田公司的重大作用。

另外,丰田合作公司供应的货物属于前期工序,如果费尽心机只是为了低价买进,降低成本,这样的做法也是不可取的,因为价格随时在波动,而且库存的成本将增大。

通常的做法是,丰田应该与合作公司一起集思广益,不单纯算计如何低价购买,换个角度思考怎样才能使合作公司廉价出售,否则无法实现"成本减半"。

究其原因,小打小闹的局部变革是容易碰壁的,因为流程变革必须贯穿于从采购到为顾客配送货物的整个过程。

在整个流程中,必须一起进行变革,尽管这实非易事,但是如果丰田成本减半战略只能做到局部变革,尽管比毫无作为有成效,但是面对通用汽车和福特汽车的紧逼，丰田的优势将很快地丧失。

事实证明，丰田由于以往的生产活动存在诸多高成本，通过整理整顿，在生产方法上下功夫，在最大程度上降低了成本。但是，如果做不到至关重要的"销量"与生产挂钩，即便能以略低的成本生产，最终也只是徒增库存。这样的变革毫无意义。因此，丰田的变革必须彻底地贯彻整个流程变革，最好建立在与"销量"挂钩变革的基础上。

据渡边捷昭介绍，在丰田，其成本减半战略的变革是以"个体效率"和"整体效率"来衡量丰田降低成本的效果。以生产线为例，假设作业人员各自的效率、各道工序、各条生产线、各种机器设备等不兼顾各自的前后工序，只考虑提高自己的效率，尽管能提升10%左右的增产，但是整体的效率却没有发生变化。

这是因为前后工序乱作一团，整体效率反而降低了，丰田同样是不愿意接受这样的做法的。为此，丰田的流程变革是建立在使得各道工序、各条生产线的效率在各自水平上有所提高，并且丰田整体的效率也得到提高的基础上。

毋庸置疑，单靠局部的变革肯定存在诸多问题，变革的目的就是为了"更好、更快、更省地生产好产品"来提高销量。

事实证明，与销量脱钩的局部变革，即使能够在生产阶段降低部分成本，但是不能最终售出，同样无法给丰田公司创造利润。究其原因是，缺少了至关重要的顾客需求，再努力变革也只是徒劳。

为此，一条生产线或一个工厂的孤军奋战，都不会给丰田带来明显的成本下降。唯有彻底地杜绝设计、材料、生产、物流、销售、行政部门的浪费，坚持日常变革和日常实践，才能真正地实现成本减半，才能获得产品价格竞争力。一旦与"销量"挂钩，就算是一气呵成的整体变革，也绝对无法实现"成本减半"。

为此，渡边捷昭进一步指出："做到一次性的变化并不难，但贵在坚持。我们每天都要坚持进行一点一滴的变化。绝对不能回头。如果你不能改变自己，你也就不能改变任何事情。这一切都不可能在一夜之间发生，请务必牢记：坚定的意志是成功的关键。"

06 / 与目的相去甚远的变革简直就是"儿戏"

对于任何一个企业来说，变革的目的就是增加企业的核心竞争力，从而获得更大的市场份额，使之垄断整个行业，但是如果变革与目的相去甚远，那么这样的变革简直就是"儿戏"。

为此，渡边捷昭指出："我一直以来倡导的变革，就是一定要亲眼确认变革的结果，如果丰田的变革只是像风一样，吹过就散了，那么这样的变革，就无法真正地推动丰田的发展。"

渡边捷昭进一步指出，丰田的变革就是倡导变革的人一定要亲眼确认变革结果，不亲自确认，只满足于道听途说，或者迷信上报数据，不是真的确认结果，这样的变革结果同样不能够真正地贯彻成本减半战略，使之削弱丰田的竞争力。

渡边捷昭回忆说："在以前，丰田有这样的变革者，他们一直迷恋上报数据，等到他们亲眼确认后会发现，原来现场采取的是这种做法。我并没有把它考虑在内。来到现场直接查看之后就会发现新的问题和变革方案。"

客观地讲，如果在之前就考虑变革结果的话，这样的情况大可避免，因为道听途说、或者迷信数据的管理方式都是十分危险的。

渡边捷昭举例说道："某个前辈员工曾经讲过这样一件事。据说有个年轻医生看了他的血压报告后生气地对他说：'你不应该行动，怎么还能来医院呢？'但他本人血压一直偏高，自己也习以为常，至今仍在健康地工作。所以他很生气地说：'那个医生根本没有认真地诊断，只是看报告数据，实在差劲。'话到这里也就是笑话一个。但公司里面也有类似的情况。越来越多的人不去现场，仅仅根据上报的资料和实验数据就妄下判断。我实际去实验现场看过，有些实验和上级指示不同。根据与指示不同的实验所得出的数据怎么可能做出正确的判断呢？很多事情都是这样，如果懒得亲自去看，亲眼确认，就会做出错误的判断。"

为此，渡边捷昭认为，变革结果一定要亲眼仔细确认，而且还需要养成仔细确认的习惯，不仅对于变革，对于很多经营情况也是如此。

不可否认的是，对于任何一个企业来说，变革就存在风险。大野耐一在接受《朝日新闻》时重点谈到丰田的变革，他认为丰田如果不变革，丰田将遭遇破产的危险，尽管变革会有很大的危险，但是丰田的变革立场却很坚定。

毋庸置疑，在实验室中能够成功的东西，在现场却不一定能成功，变革的道理同样适用。为此，大野耐一接受《朝日新闻》时曾说，实验室和理论上的计算与现场不同。

大野耐一认为，这不是否定实验和计算的作用，而是许多东西必须实际尝试才行。变革也是如此，在理论上可行，当实施变革后，其效果可能就不尽如人意，甚至反而变得更糟。当然，也可能取得出乎意料的好结果。

基于此，任何一个组织的变革都贵在尝试，如果连尝试变革的勇气都没有，那么这个企业同样是不成功的。但是，一些企业的管理者却陷入一种误区，那就是只是注意到考虑到了，却没有采取任何变革的行动，这样的变革是不会带来任何改变的。不管管理者如何费尽口舌地解释"应该这么做"，但是很难说服那些坚持"现在的做法是最好"的CEO。

为此，在丰田倡导的就是要变革：不管怎样，先作尝试。在尝试之后倡导的主管亲眼确认变革的结果，如果结果符合预期，那就可以拍板。相反，一旦变革方案有误，就老老实实地道歉，其后认真研究问题出在哪里，或者该方案有什么欠缺，再进一步加以变革。

在这个过程中，最不可取的做法就是，执着于自己曾经的方案，认为现场只需遵照执行。这样的固执已见可能使得结果非常糟糕。

不可否认，在强权之下或许能够推行一段时间，但是总有一天，当提出新的变革方案时，现场将不再言听计从，员工可能敷衍了事，或者只在管理者本人前来视察时做个样子。倘若变革变成了改恶，管理者就应该老实地承认错误，其后进一步再加以变革。在这里，我们来看一个真实的案例。

2008 年 7 月，爱好餐饮的张文浩大学毕业后，就进入 M 连锁餐饮企业工作。由于张文浩办事认真负责，M 连锁餐饮企业总经理孙云龙就让张文浩做了办公室文员，张文浩主要负责一些企业相关文件的收发，同时还负责和处理一部分闲杂事务。

在 M 连锁餐饮企业办公室文员的职位上，张文浩兢兢业业，工作做得都非常到位、出色。

M 连锁餐饮企业总经理孙云龙觉得，张文浩的工作表现非常积极，是 M 连锁餐饮企业的重点培养对象。

而后，孙云龙经常让张文浩列席该企业的大小会议。三个月后，M 连锁餐饮企业营运部总监被派往华北地区，孙云龙就破格提拔张文浩为该企业营运部总监。

得到提拔的张文浩在工作方面更加积极主动，但是摆在张文浩面前的问题是：他没有从事过餐饮服务一线基层工作的工作经历，这就为张文浩在管理店员方面增加了困难。特别是张文浩在制定各项制度的时候，由于考虑的不够周全，往往不科学、不合理。

这样的事情在张文浩就职运营部总监的第三天就发生了。当张文浩在检查餐厅卫生时，他看见部分店员的白色工作制服已经有明显的脏痕。

在中午一点的会上，张文浩就制定了一个规章下达到各部门负责人，限令全体店员在上岗前必须检查仪容仪表，一旦发现没有达到该企业要求，就一律不许上岗。

当部门经理钱文学收到该规章后，第一时间内向张文浩汇报："部分店员的白色工作制服很脏的原因是该企业洗衣机脱水缸坏了，后勤部已经打电话给厂家了，厂家还没有派人来修。再加上南方梅雨季节，天天阴雨连绵，有的白色工作制服已经洗过了，还没有晾干，所以有的店员就穿着脏的白色工作制服上岗了。"

当钱文学汇报完工作制服脏的原因后，张文浩却认为，这起事件是他们对 M 连锁餐饮企业总经理孙云龙破格提拔自己当运营部总监不服气，故意找借口来不服从张文浩的安排。

下午两点，与张文浩关系甚好的传菜部部长王蕴涵私下解释说："其实，各个部门负责人都认为您这样做是对的，也不是各个部门负责人都不执行您的命令，关于部分店员的工作制服很脏的问题，我已经找过其中几个店员单独了解过了，而且我已经和后勤部部长吴跃协调过了，尽快解决这个脏工作制服问题。不过，我得提醒您，目前临近春节，本店许多店员都要求请假回老家过年。最近一段时间正是餐饮旺季，店员们的劳动强度都比较大。原本店员们就很有情绪，已经怨声载道了。现在就急于去处理工作制服脏的店员们，一旦把握不好尺度，就会引起店员们的怠工情绪。"

张文浩并没有接受王蕴涵的建议，说："你们怕承担责任，我下午开例会亲自给店员们讲。"

让张文浩没有想到的是，在第二天 10 点，上岗的店员缺少了近 20 人。仅传菜部一个部门就有 6 人因为工作制服很脏没有上岗；区域值台只有 3 人、配菜部只有 5 人。

此刻的张文浩才意识到问题的严重性，后悔昨天没有接受王蕴涵的建议。于是张文浩一边组织后勤二线部门店员顶替，一边安排管理人员找旷工店员谈话。

后勤人员只熟悉后勤的服务流程操作，而不熟悉传菜的服务流程操作，结果在传菜中频繁出错，引来顾客不断投诉。给企业造成了不小的损失。

事实证明，任何一个组织的变革都是以组织的发展为前提的。丰田的变革也是如此，在渡边捷昭看来，丰田变革的目的就是"缩短前置时间"和"降低成本"，以此来提高丰田的竞争优势。

当然，丰田的变革如果没有能够有效缩短前置时间或降低成本，或者另有更有效地降低成本的变革方案，那么这样的变革无疑是失败的。

如果变革的步伐一步走错，就可能导致成本增加，提升丰田的竞争优势就成为一句空话，甚至还不如什么都不做。之所以强调这一点，是因为有时管理者会忘记降低成本的最终目的，而只是单纯的将变革作为目的，可能会本末倒置。

渡边捷昭举例说道："有一段时期，各个企业争相引进机器人和 IT 设备。一旦引进了机器人，就实现了 IT 化，或许能够降低成本，但是许多企业的成本反而增加了，令人很难相信的是，他们充分利用了 IT。仅仅是一种手段的东西竟不经意间变成了目的。"

在渡边捷昭看来，变革的结果取决于"缩短前置时间"和"降低成本"这两个目的的实现程度。与目的相去甚远的变革充其量只是把变革当作儿戏，这样的革新不值得推广。

第4章 | 成本为降低而存在，利润由降低成本而来

合作商为了低价销售也在采取合理化措施，所以不要只想着低价购买零件。

——丰田前社长　丰田英二

01／生产成本，低还要更低

在丰田，对于降低成本，其倡导的宗旨就是低、更低，还要更低。渡边捷昭在接受《BP财经》采访时指出，丰田的成就离不开成本减半战略，因为成本为降低而存在，利润由降低成本而来。

当然，最大限度地降低成本必须从顾客的近处着手，逾15年实践丰田生产方式的共立金属工业公司的阪口政博总裁讲出了自己的经验体会："和该公司的往来始于我在B住宅公司推行生产改革的时候。当时我碰到一个问题，不管如何推动建筑材料商的生产改革都无法解决。我让他们将以往大批量生产的构件改为小批量生产，最终目标是根据订单按栋生产。将建造一栋住宅所需构件集中起来，将B公司无法生产的地毯、窗框等一并运到施工现场，旨在形成'在必要的时候以所需量生产必要的产品'的交货体制。但是，由于供货方仍然采取不同于丰田生产方式的大批量生产，很难如愿获得所需配件。一旦碰到送来的配件存在缺陷等问题，万一没有库存，就需要等好几个星期。如此一来对顾客的承诺无法兑现，降低成本也不尽人意，于是我们要求合作公司进行生产改革。从那时候开始了与共立金属工业公司的交往。我离开 B 住宅公司之后，共立金属工业公司继续进行生产改革，如今已经成功将以往需要长达 40 天的交货期缩短到了 2 个小时。在同行业其他公司困顿不堪的情况下，凭借着又快又省地生产好产品的生产能力不断发展。"

在阪口政博总裁看来，降低成本的另外一个途径就是按时交货，要做到这一点，首先从"遵守交货期"做起，这样就能够降低成本，从而可以最大化地实施零库存。

对于按时交货，阪口政博总裁曾谈到，共立金属工业公司的变革是从"遵守交货期"开始的。在变革之初，公司通过大批量生产，比如，每天都集中生产多种窗框和门，然后存放在仓库里。

当接到客户订单后，再从仓库出货。在阪口政博总裁看来，倘若有库存，马上就可以交货；一旦库存没有存货，就必须重新进行大批量生产。为了遵守交货期，只能确保大量库存。

例如，承接了 B 住宅公司的订单，而 B 住宅公司的订单通常以一整栋住宅为单位，加之建造住宅的客户需求趋于多样化，其种类繁多，由于种类增加后，无疑导致库存庞大。这种做法无疑会造成大量库存的积压，即便遵守了交货期，成本方面也会大幅度增加。

一般的，对于制造企业来说，质量、价格和交货期这三个要素密不可分，但凡其中一个要素出现问题，其他两个要素就会无法满足订单的要求。

在阪口政博总裁看来，"好品质"需要建立在适当的价格和交货期作后盾的基础之上；"廉价"也需要相应的质量和准确的交付；"交货迅速"的背后也需要规定的质量和价格作保证。

为了满足 B 住宅公司的要求，阪口政博总裁率先制定了遵守"交货期"的一套体制，进而解决质量和价格的两个问题。

为了解决质量、价格和交货期这三个问题，阪口政博总裁从此启动了以顾客为中心的变革。基于这种思路，阪口政博总裁从离顾客最近的地方开始着手变革，也就是从"遵守交货期"开始，这或许是最对路的做法。

在我国广东的很多地方，很多企业由于没有"遵守交货期"意识，在变革的过程中，其很难有显著的效果。笔者曾应某企业董事长的邀请，去参观该企业工厂发现，一些过了交货期的产品公然摆放着，而一些远未到交货期的产品已经接近完工。

笔者问他们："为什么过了交货期的产品还摆放着？"他们轻

描淡写地回答："还没有从承包商那里拿到零件，所以让客户等着呢。"

笔者看不出他们对耽误交货有丝毫的歉意。该企业如此态度，其变革可谓没多少进展。在这里，我们来看该企业的具体情况。

F文具实业公司是一家规模很小的文具品生产公司，该公司主要生产各类中性笔和办公学习用品，由于金融危机的影响，F文具实业公司的订单越来越少，已经陷入困境，濒临倒闭。

然而，好运还是降临了，该区教育局决定从F文具实业公司采购一批考试专用笔。

然而，就是这批考试专用笔彻底暴露了F文具公司职责不清的大问题。

当F文具公司销售部经理马占山接到该教育局考试办主任林学文第二天就需要考试专用笔的电话后，马占山立即打电话通知仓库库管张康将考试专用笔准备好，但张康却说这批考试专用笔根本就没有入库。

马占山意识到问题非常严重，就十万火急地到车间去查看。结果却发现这批考试专用笔放在装配机旁。原来，后道车间装配组已通过装配机把这批考试专用笔的笔芯装进了笔杆，并装在塑料筐里。

其实，只需要将笔装进小纸盒后再装进外包装纸箱，打上包装袋就可以发货了，时间最多是 20 分钟。

当马占山发现问题后，他告诉后道车间主任方军："教育局 10 时会亲自派人来提货。"

方军自信满满地说："这项任务交给我来处理就行了，不过是小事一桩，你就准备接待教育局的同志吧。"

于是，方军找到综合组组长高魁，让高魁赶快派员工把考试专用笔包装好，而高魁却说："你没有看见装配组的员工都在玩手机，而我们组的员工非常忙，连上厕所的时间都没有。"

方军觉得高魁说的有道理。于是，方军又找到装配组组长姜平，说："你们组的员工现都在休息，赶紧派几个人把笔给包装了，最多不过十来分钟。"

没想到姜平说："我的人是开机器的，不懂包装，何况包装笔是综合组的任务，我们不能抢人家的饭碗。"

于是，方军又回头找到综合组组长，说："装配组的人对包装不熟悉，加上你们是负责包装的，还是你派人把笔包装了。"

高魁一听这话就火了，说："虽然平时包装货物是以我们为主，但那不过是一种自然形成的习惯而已，有时其他小组也包装过。公司的岗位职责里又没有规定一定是我们综合组负责包装，你这样安排是否不太合理？"

方军又再找到姜平，说："公司也没有规定一定是综合组包装，平时你们不也包装过吗？这次你还是派人把笔包装了吧。"

姜平却回答说："讲好听的，我们有时那样做是发扬部门互相配合的精神；讲不好听的，是我们看在你的面子上。你知道吗？平时那些产品是大众用笔无所谓，现在是政府用笔，万一有点差错我们可担当不起。更何况公司的岗位职责里也没有规定是我们装配组负责包装，我们这样做是会吃力不讨好的。在我们公司里还是多一事不如少一事，多做多错。"

此刻，方军不知所措了。当晚 10 时整，来提货的面包车到了，马占山把车带到仓库，发现笔还是没有入库。

马占山一路小跑着冲进后道车间，发现刚才那批笔还是"完好无损"地躺在装配机旁。两头着急的马占山只能电话求助老板。

随后，老板直接指挥，终于把这件事完成了。就这样，一件十来分钟可以解决的事，在两个小时后、在老板的干预下，终于"圆满"地解决了。

老板握着考试办主任的手说着"对不起"的同时，还一边大声地批评下属："你们执行力太差了！这点小事情都执行不到位，大事小事都要我过问后才能解决，你们太让我失望了！"

上述案例警示中国企业，在设置岗位时应明确其职责，千万不能模棱两可，这样就很可能给部门之间、员工之间提供推诿责任的机会。

对此，西南财经大学彭达生撰文指出："不能生搬硬套其他企业的管理模式，必须根据企业自身规模和经营性质等实际情况来设置必要的、合理的组织架构，同时还要结合企业产品的工艺流程、工序特点。因此，在对职责范围进行规定时，应避免玩文字游戏，并应按小企业'一人数岗'的做法（在小企业里很多管理人员是包山包海的），尽可能地细化到：让每个人知道自己应该做什么，知道这件事应该找谁，谁应该对这件事负责，从本质上改变因职责不清造成执行力低下的问题。"

在彭达生看来，最大化地降低成本，必须缩短产品生产的前置时间，只有这样才能实现成本减半战略。

为此，为了解决"无法按时交货"的问题，丰田开始了流程变革。在"成本减半"的变革过程中，丰田的目的并不是为了保留大量的库存，而是逐个按照订单生产。为此，丰田严格地贯彻落实整理整顿，缩短换产调整时间，渡边捷昭亲自抓日常变革，实现了现在的极短交货期。

当然，倘若其他公司能像丰田一样缩短前置时间，在接到订单后在极短时间内将产品送到顾客手中，那么提升竞争优势就成为可能，因为这样的生产方式压根就不需要库存。如果零库存与保留大量库存的做法相比，及时生产的做法将大幅降低产品成本。

渡边捷昭回忆说：“在即产即销的年代，企业即使拥有大量的库存，都不会担心，因为总有一天产品都会销售出去。”

渡边捷昭忧虑地说道：“在当下这个顾客需求多变的年代，要求企业具备按照订单生产‘顾客当前所需产品’的能力，不仅如此，大幅度地缩短前置时间尤为重要。原因是缩短前置时间，遵守交货日期是服务顾客的根本。”

在渡边捷昭看来，对于丰田来说，如果要最大限度地降低成本，就必须降低各个流程的生产成本，这样才能实现“成本减半”。

在流程变革中，丰田调整了进货价格等前期工序，这是为了缩短产品的前置时间，并形成体制以确保“在必要的时间将顾客所需产品”送达。渡边捷昭解释说道，“必要的时间”很重要，不能拖延，拖延不能按时交货，但是也不能过早，因为过早会导致库存问题。以“恰如其分”的时间生产是对顾客最好的服务，还能降低成本。

02／原料到生产方法全程关注，而不只是盯着采购价格

通常的做法是，降低采购价格当然是降低成本的一个非常有用的手段，但是，如果仅仅依靠采购价格来降低成本的话，这就进入了一个非常危险的误区。

渡边捷昭在 2006 年丰田年会上谈道，如果丰田能够顺利地实现成本减半的话，就必须从原料到生产方法的全程关注，而不仅仅盯着采购价格，这样才更有利于丰田的长远发展和基业常青。

在渡边捷昭看来，如果盯着采购价格，高层领导听之任之，这样的问题就会影响丰田在市场上的竞争力，如果丰田没有低廉的价格和高质量的汽车，那么丰田面临倒闭大概也就只有半年时间了。

事实证明，不管什么行业，极少有企业能完全自给，绝大部分都必须依靠多个合作企业供货，丰田也不例外，必须进行大量的采购。一旦供货出现问题，一是认为"合作了很长时间"而听之任之，二是寻找"更好的供货企业"，三是一起集思广益力争生产更好的产品。

这三者的态度有着极大的区别。对于任何一个企业来说，尽管采购价格可以要求对方便宜、便宜、再便宜，而这样的做法是杀鸡取卵。

客观地讲，随着互联网技术的发展，网购也开始盛行起来，网购可以在世界范围内寻找更廉价的产品。经营者要求降低采购成本的做法都无可厚非，但是面对顾客需求越来越个性化的今天，从原料到生产方法都不能掉以轻心，否则将失去一大批忠实的顾客。

针对此种情况，丰田更鼓励深入地参与合作公司的生产和产品设计。在极少数情况下，原料存在的问题就会演变成必须要处理的大问题，以至于必须召回产品。

有些企业通常会将责任推卸给供应原料的合作公司，以此来平息危机。从此类企业身上看不到丝毫"为顾客而生产"的使命感。因此，想要有效地实现理想的"又好又快又省"的生产，谋求合作公司的共同发展才是上上之策。

渡边捷昭强调，参与合作公司的监控，从源头上节约成本，这是增强丰田集团力量的一个有力举措。

Aisin 轻金属公司是丰田集团和 Aisin 机械的子公司。尽管它是一个子公司，却拥有资产 15 亿日元（约 1000 万人民币）、1000 名员工的规模。

Aisin 轻金属公司在铝制汽车零件的成型、加工技术方面的技术力量是令其他公司望尘莫及的，有些技术在日本只有该公司掌握。混合动力和燃料电池作为一种前瞻科技正备受追捧，而汽车材料的重要程度则与之不相上下。汽车零件大量使用铝材能减轻汽车重量，汽车重量减轻就能以更少的动力驱动汽车，燃料电池等也能以一种完全不同的理念进行开发。

事实证明，丰田的强大力量都源于这些合作公司，渡边捷昭指出，丰田对合作公司倡导的观念就是"共同发展"。

渡边捷昭进一步指出，最大化地降低成本，丰田的成本减半战略对任何合作公司都适用，因为在降低成本的过程中，不是简单地压低零件的采购价格，而是与合作公司集思广益，考虑如何降低制造成本。

在渡边捷昭看来，如果丰田对合作公司采取威逼欺骗等手段来压低采购价格，这样的做法在短期内是可以行得通的，而且也是有效的。但是长此以往，与丰田的合作公司最终会因此被拖垮。

究其原因，一旦合作公司无法满足丰田要求的采购价格，必然用低廉的原材料，导致质量下滑，丰田集团的整体实力因而会被削弱。

当然，把降低 10% 或 20% 的成本作为目标，压低采购价格是可以做到的。渡边捷昭认为，既然是"成本减半"，就必须介入合作公司的生产活动。

正如丰田英二所说："合作商为了低价销售也在采取合理化措施，所以不要只想着低价购买零件。"在丰田英二看来，只有积极参与他们的合理化建设，才有望实现"成本减半"。

当 B 公司发现，与其合作的 A 公司所提供的材料和零件存在缺陷，或者有次品，或者交货期长达数十天，于是，B 公司经营者核对了合作公司各个工厂的"体制、原料、外购产品、工序、检验、捆包"等项目，然而逐一梳理出问题的所在。

为此，B 公司经营者还针对问题，给 A 公司提供了解决方案，逐步培养 A 公司的生产改革意识。

这种做法极大推动了订货方公司的生产改革和成本降低。与另外数家合作公司也通过 B 公司经营者提供的问题解决方案进行变革，逐步地拥有了克敌制胜的"生产能力"，现在甚至能够承接 B 公司以外的业务。

理光 Unitechno 也在进行同样的尝试。精减原有的 400 多家合作公司时，没有偏重价格，而是充分兼顾了"质量、成本、交货期"的执行能力、对环保的努力、管理高层的姿态等要素，领导亲自前往每家公司的工厂，听取意见，重复进行这些工作，趁机告诉他们"请提出廉价生产好产品的方法"，并邀请他们"来参观我们公司的生产"。

对于积极尝试改变生产方法的公司，还定期派遣员工给予实地指导。有付出就有收获，这些合作公司凭借强大的"生产能力"，不仅承接了理光集团以外的公司订单，更是涉足解决方案业务。

为此，对于任何一个组织来说，降低成本是一个系统工程。渡边捷昭指出，降低成本必须关注从原料到生产方法的全过程，这样才能更有效地降低成本，从而增加企业的竞争能力。

03／"生产成本减半""库存减半""次品率减半"

渡边捷昭在接受《每日新闻》采访时坦言，丰田想要在竞争中立于不败之地，穷于应付交易方的要求亦步亦趋是不行的。丰田通常降低成本的方式就是主张"一切减半"，就是将现有数字减半作为目标，不仅"生产成本减半"，还要"库存减半""次品率减半"。

一般的，降低 10% 的成本目标都很不容易，更何况减半。因此，想要在激烈的竞争中胜出，最好制定一个宏伟的降低成本目标。

在渡边捷昭看来，降低 5%、降低 10%成本这种稍作努力就能实现的目标，通常很难迫使企业推动一切从零开始的变革。

当然，宏伟的战略目标不是那种根本无法实现的目标，而是适合于本企业的战略目标，只有这样的战略目标，才会获得巨大提升竞争优势的机会。

为此，丰田专务董事木下光男表示，丰田已经采用新的节流策略。新的节流策略从根本上大幅变更汽车零件的设计，还包含寻找途径改变汽车零件研发与生产方式。例如，将特定的零件以模组的生产方式，不同于先前各个零件分别削减成本的方法。

当然，节流策略是为了提升"不输任何人"的降低成本能力，并不断地发展壮大。丰田专务董事木下光男介绍称，丰田总是在对 2 年后产品的预测市场价格的基础上，反过来推算，并制定低于该价格的成本目标。

在丰田专务董事木下光男看来，虽然丰田一直保持着睥睨侪辈的价格竞争力，却总是着眼将来，坚持努力降低成本。正是因为这样，丰田才能面对市场价格的下滑处变不惊。为此，丰田专务董事木下光男坦言："从根本上来说吧，如果我们能发展出不需要螺栓的零件呢？这就是我们在追求的理念。根据先前的策略，我们所能做的已经差不多达到极限。而下一个策略，我们将采取全新的路线，要求我们的工程师（与供应商）回归到汽车研发的基本面。"

木下光男提及的新节流策略就是以"价值创新"为名，这项策略在 2005 年 3 月起草，丰田前一个搏节成本计划原本已将每部汽车的生产成本降至比两年前的一半还低的水平，但在 2005 年 3 月时又受到钢铁与其他原材料预计价格急遽上涨的打击。

在执行价值创新中，木下光男发现，很多成本的增加是由于实施过程中的延误所导致的。因此，降低成本首要的任务是搞好价值创新在流程管理中的作用。

在服务和配送过程中产生的成本，管理者需要做好流程管理中的监控，让服务来提高效率，有效地降低成本。

不仅如此，丰田倡导的价值创新同样强调产品差异化。在价值创新上，不仅仅强调产品差异化，更为重要的是，全面的战略服务达到追求差异化和低成本的效果。

为此，木下光男认为，丰田的价值创新，不能仅仅停留在产品本身是否差异化上，还要看公司领导、决策是否是官僚化，是否有效率，员工是否效率很高，最后的服务、配送是否让顾客满意。

在这一系列的价值创新中，体现的不仅仅是产品本身，还取决于丰田整个的领导、决策等诸多环节。在许多企业中，管理者总是在感叹："交易方的要求（如采购价格）太苛刻。"甚至有些管理者抱怨："做到这一步已经筋疲力尽，很难满足更高的要求。"

随着国际竞争的加剧，企业竞争形势可谓瞬息万变。面对这样的形势，只有竭尽全力才能跟上形势。为此，渡边捷昭强调："只要丰田比对方所要求的领先一步，就不会惊讶于对方的要求。即使不能积极地建议对方'可以这么做，可以那么做'，也能制定超前的目标来推动变革价格、交货期、质量。这样即使对方提高要求也能应付自如。"

对于管理者来说，一旦满足于现状，自以为"这样就行了"，在变革时，要么是动力不强，要么就会停滞不前。只有将变革、变革、再变革的意志坚持下去，这才是变革应有的姿态。

在变革过程中，也会出现变革之后变坏的问题，面对此情况，管理者绝对不能放任不管，一旦放任，其情况就会不断地恶化。

为此，阪口总裁将之比喻为计算机 CAD 中的线条："CAD 的线条乍看是直的，但仔细观察就会发现微小的起伏。变革也是如此。变革之后，会有上升，也会有停止，甚至还会有下降。只要持之以恒，就一定会朝着好的方向发展。不满足于现状，变革贵在坚持，我认为这是最重要的。"

在很多时候，当企业提及"成本减半"或者"一切减半"，有些员工总觉得完成这样的任务比登天还难。其实，这样的目标虽然艰巨，步伐还是归结于"日常变革、日常实践"。更为重要的是，即使达成目标，也不就此满足，而是进一步变革。

丰田的强大在于不满足于现状的贪婪。日本企业分析家片山修指出："在日本企业中，丰田是最不满足于现状的……这是丰田在全球汽车市场制胜的大秘诀。"

丰田开始扩大海外市场是在 20 世纪 80 年代初期。那时，它在 9 个国家的 11 个城市有生产基地。20 世纪 90 年代，在 26 个国家有 51 个基地。不仅如此，丰田还启动在中国广州、美国得克萨斯、加拿大、捷克及泰国等地的新工厂。如此快速增产，把丰田推向了世界汽车霸主的台阶。

丰田汽车的创办人丰田喜一郎继承其父佐吉开发"自动织布机"的因子，在 1930 年开始研发汽车。丰田喜一郎将公司厂房的一个角落改为秘密研究基地。在那里，停放了一台自美国进口的最新 Chevrolet（1933 年）汽车。

在丰田喜一郎的秘密基地，丰田喜一郎将这一台还未开过的新车彻底"拆解"，将拆开来的零件尺寸全记录下来，作为设计参考，然后在日本寻找更好的原料，来提高丰田车的品质。为此，阪口总裁坦言："我们很难一夜之间变成丰田，但是企业想要在竞争中胜出，就必须牢记比对方要领先一步。它能源源不断地创造对企业来说至关重要的顾客。"

04／提出行动方法，以机制求变化

在丰田的成本控制战略中，尽管取得了不错的业绩，但是在推动降低成本的过程中，却费了很大的周折。

时任丰田社长的张富士夫介绍说道："一旦库存多到发霉，表面绝对看不出任何异样。花公司的钱让员工加班，导致库存成堆，增加了成本，还要隐瞒问题，这种人无疑是在浪费。如果每个工厂的产量参差不齐，繁忙的工厂人员自然会增加，这就需要一种能够灵活地在工厂之间调度人员的体制。当然，为此目的，需要将作业标准化，使得员工从 A 工厂调到 B 工厂后也能立刻开展工作，还需要让任何人都能操作工具和机器。"

在张富士夫看来，库存就是浪费。自出任丰田社长之日起，张富士夫就制定了丰田的成本控制思想——"一切当从节俭开始，毛巾干了再拧拧。"

在丰田，张富士夫将这种节俭的做法贯穿于丰田产、供、销的每一个环节，无处不在倡导"节俭无小事"。

1999 年，为了消除重复采购，张富士夫公布了新的压缩成本计划，其目标是连续三年让丰田汽车 180 个主要零部件的价格降低30%。

张富士夫的做法震惊了世界汽车业，到 2005 年，张富士夫的计划为丰田节约了 100 亿美元的成本。不仅如此，张富士夫也在积极寻求提高丰田生产效率的办法。

为此，张富士夫首创的"全球车身生产线"。该系统具有令人难以置信的弹性——可以很容易地在 8 种车型之间进行转产，安装成本也比原来减少 50%，改装生产新车型的成本也减少了 70%，而且用三个星期就能满负荷生产，相比之下，旧系统则要 3 个月。

正是在张富士夫的大力倡导下，每一位丰田员工，都坚守"以抠门为荣，以小气为耀，节俭是美德，浪费是耻辱"的价值判断，并付诸行动。

在丰田，所有信件往来，都是用白纸条贴住原来写过的信封再接着用，这样一个信封可以用多次，节约了很多成本。这个丰田成本减半的思维一直被丰田员工所重视。

时任丰田总裁的张富士夫回忆说道："在未推行成本控制战略以前，许多工厂的仓库中堆积如山的库存和等待后续工序的半成品库存，从制造方的立场来看，自己马不停蹄开动机器，拼命生产的努力被视作浪费，实在难以接受。"

一言以蔽之，丰田的成本控制就是"在必要的时候生产所需量的、必要的产品"。生产多少的关键，或者"是否必要"完全取决于市场。在张富士夫看来，无视所需数量、随意生产的做法，绝对不是以市场为中心，只会增加库存，导致随处可见的浪费。因此，想要实现"成本控制"战略，就必须理解"市场决定所需数量"这一关键，同时执行"按销量制造产品"的做法。

基于这样的思维审视本公司的生产方法，就能清楚地知道何处存在浪费，甚至还可以知道其浪费的程度如何。为此，张富士夫坦言："如果以大量的库存来确保交货期，实际上与'延迟交货'没有多大的区别，由于库存的存在，有可能导致无法找出问题的所在，白白地错失重要的变革机会。"

基于此，降低成本就必须实施流程管理，在这个流程管理的过程中，首先提出具体的成本减半的方法，然后再以机制求来变化。

例如：我们熟知的行政部门，由于其工作没有实现标准化，普遍存在"只有 A 知道""问 A 就会一清二楚"的问题。其实，除了极少的专职工作，根本没有如此多非某人来做不可的工作。

在降低成本的变革中，只需将工作标准化（围绕人的动作，按照浪费少的顺序展开工作），经过简单的培训，"任何人都知其大概"，最终实现其可视化（任何人都能对车间情况一目了然，能够指出问题和处理办法）。

在这个变革流程中，丰田非常重视工作标准化和可视化，这无疑为实现"成本控制"打下坚实的基础，同时其流程是不可缺少的一步。然而，遗憾的是，改变员工对某件事物的看法和想法是一件非常艰难的事情。

尽管如此，在降低成本的过程中，观念的革新无疑是很重要的。为了避免生产过剩的浪费，丰田在革新成本观念的同时，还必须按需生产，让库存尽可能少。

传统理论认为，一旦库存跟不上交货期，诸多问题就会浮出水面。另外，当人员一旦减少时，存在冗员而无法发现的问题，就会自然浮出水面。

当问题出现后，丰田就可以从作业变革着手，开始变革工序，其后再变革设备。在这个过程中，渐渐地降低了库存，同时也减少了人员，最终实现了"可视化"。因此，张富士夫认为，使人员的灵活调度标准化同样能够降低成本，为了消除多余的库存，丰田会根据"销量"来进行生产，有效地实现"成本减半"。

为此，丰田就倡导消除多余的设备和人员。一般的，一旦经营者预测有大量订单，就会立刻斥巨资购买设备，雇用大量员工。

其实，这样的做法相当功利，张富士夫不赞同这样的做法。在张富士夫看来，经营者应该想方设法地利用现有设备和人员，将潜力发挥到极致。一旦需求预测略有偏差，或者行业不景气，那么就会处理"设备过剩""雇用过剩"，这样的问题势必会增加成本。

经营者只要对旧设备精心加以维护，赋予机器智慧，就能维持其赚钱的能力；只要坚持不懈将员工培训成多面手，使得作业标准化，将变革在工厂之间横向铺开，少量员工胜任作业也大有可能。倘若经营者懈怠于建立一套完善的降低成本的机制，那么就会出现一边裁员、一边招聘新员工的怪现象。

在生产经营过程中如此，在服务行业中也是如此。在服务行业中，许多工作由于雇佣了兼职人员，一旦分别考虑每家店的人员增减，自然会有诸多的难处，但是将数家店组成一个单位，实现灵活的人员调度，这样就可以解决"出现人员过剩"的问题。当然，一旦 A 店和 B 店的工作方法不同，无疑将无法实现。解决这个问题最好的办法就是让作业方法和工具等标准化。

05／确认生产阶段、使用阶段和使用后的质量

一般的，影响企业降低成本的原因有三：第一，拒不承认自己应该担负的岗位责任。这样的情况通常是由于没有实行岗位责任制造成的。第二，每个员工都认为该担负岗位责任，同事不完成工作任务自己也不完成。这样的情况通常是由于没有实行经济责任制造成的，由于员工缺乏降低成本的意识，极大地打击了员工的积极性。第三，员工认为自己无能力降低成本。这样的情况是缺乏降低成本的坚定意志和机动灵活的方法策略造成的。

在这里，我们就从一个真实的案例开始谈起。

在 D 公司中，有三个较为出色的销售员，他们分别是张小虎、李凯恩、刘泽诗。虽然 D 公司的产品质量不错，产品销路也很好，但由于 D 公司的销售人员对客户过于谦卑，这就使得 D 公司的经营出了一些问题——产品赊销给客户之后，往往不能及时收回货款，导致 D 公司的现金流出现了断裂。

D 公司有一位大客户——K 商贸公司，半年前就从 D 公司赊销 500 万元的产品，尽管大部分产品已经销售出去，但 K 商贸公司总经理林洋总是以各种各样的理由拒绝支付所欠 D 公司的货款。

D 公司总经理柳远决定派销售员张小虎前去 K 商贸公司讨账。K 商贸公司总经理林洋不仅没有给销售员张小虎支付所欠货款，而且还说 D 公司的产品在 K 商贸公司销售得不好，让销售员张小虎年底再来结算。

销售员张小虎早就听说 K 商贸公司总经理林洋不好对付，今日相见，就领教了林洋的厉害。

在强敌面前，张小虎退缩了。在张小虎看来："K 商贸公司欠的又不是我张小虎的钱，跟我张小虎没什么关系。"于是，便返回了 D 公司。

面对销售员张小虎的无功而返，D 公司总经理柳远不得不再次派出销售员李凯恩前去 K 商贸公司追讨货款。

然而，让李凯恩没有想到的是，林洋见到李凯恩就开始诉苦，林洋说目前 K 商贸公司资金周转非常困难，还希望李凯恩见谅，林洋还找借口说等 K 商贸公司的货款收到后立马就支付。在林洋的劝说下，李凯恩也找了一个借口返回 D 公司。

面对二次追讨货款失败的 D 公司总经理柳远，不得不再次派销售员刘泽诗前去 K 商贸公司追讨货款。

刘泽诗刚在 K 商贸公司总经理办公室见到林洋，林洋指桑骂槐地教训了刘泽诗。

林洋说，D 公司总经理柳远三番两次派销售员前来催账，显然是不相信 K 商贸公司有难处。再这样下去的话，以后跟 D 公司就没办法再合作了。

刘泽诗见到同事张小虎和李凯恩的无功而返，也想知道林洋到底是一个什么样的人物。他早就做好了打硬仗的准备，面对林洋的软捏硬逼，刘泽诗见招拆招，想尽各种各样的办法与林洋周旋。

林洋眼看自己耍赖的办法对付不了销售员刘泽诗，终于答应支付所有货款，于是，林洋给刘泽诗开了一张 500 万元的现金支票。

刘泽诗拿着 500 万元的现金支票到银行取钱，结果却被告知 K 商贸公司的账上只有 4999920 元。

面对这样的形势，刘泽诗非常清楚，林洋就是不想支付货款，给了一张无法兑现的现金支票。然而，更要命的是，第二天就要放十一长假了，如果不及时拿到货款，不知又要拖延多久。

遇到这种情况，一般人可能就已经一筹莫展了，但是刘泽诗依然没有退缩，他突然灵机一动，打电话给会计王燕，让王燕给 K 商贸公司账户汇入 100 元。这样一来，K 商贸公司账户里就有了 500 万元。刘泽诗立即将该支票兑现。

在本案例中的三名员工，为什么只有刘泽诗能够完成同事们认为不可能完成的任务，原因在于刘泽诗认真负责地完成管理者分派的每一项工作任务，担负起岗位赋予的职责，工作中做到不推诿、不回避。

大量事实证明，在影响成本上升的诸多因素中，确实存在一些在现有条件下难以控制的因素，但是一旦企业各部门、各个环节都控制住自己的可控制因素，那么整个企业产品的成本就都可以控制了。因此，要想做到这一点，就必须保证让每个企业员工都从我做起，这样才能真正地降低生产成本。

当然，要实现丰田的流程变革，就必须确认生产阶段、使用阶段和使用后的质量，控制好整个流程的成本。

在实际的操作过程中，由于考虑到环境等诸多问题，仅仅消除生产阶段的浪费显然是不够的。为此，渡边捷昭告诫丰田人说道："需要提醒的是，按照丰田以往的生产活动，由于只考虑产品在使用时的质量，这样的做法过于短视。基于此，如今的制造企业还必须考虑产品使用后的处理方法。家电产品、家具、汽车等大件商品自不待言，甚至那些使用完毕的消费品，它们的回收再利用等废弃处理也是一个重要课题。"

在东京举行的一次原本平淡无奇的新闻招待会上，身为丰田公司财务主任的荒木隆次有意无意地泄露出一条消息："丰田公司正在推出一种新型发动机，所用零件比标准发动机要少得多，并能降低三分之一的制造成本。"

荒木隆次的信息足以说明，用创新的手段来降低成本，这无疑是一次重大的革新。究其原因，确保生产阶段、使用阶段、使用后的质量，能够有效地降低成本，这就要求丰田在生产时就要考虑各阶段所要杜绝的不必要的浪费。

比如，在生产阶段，只需要将工业废弃物等浪费控制在最小范围内；使用后，只需要考虑怎样使得产品易于回收再利用；在使用阶段，随着顾客环保意识的增强，给顾客提供更环保的产品。

在上述几个阶段，不仅浪费的范围扩大了，而且杜绝浪费的解决方法也需要有针对性。由于只看到竞争对手的某些做法，就认为"做到这一步就够了"的思维显然是不够的。

随着社会的发展，制造企业的生产活动所处的环境也时刻在变化，有些问题还层出不穷，到底"什么是浪费"的问题也会随之变化。因此，只有发现问题，浪费就即可加以清除，反复操作持之以恒，这样做才能立于不败之地。

在中国企业中，格力也有类似的做法。格力电器董事长董明珠在多个场合下强调，"不拿消费者做试验品"，甚至还确保每一件出厂的空调产品都是"零缺陷"产品。

在董明珠看来，"零缺陷"的格力空调不仅仅是格力电器的生命，而且是确保格力电器赢得消费者的最终利器。尽管中国家电业竞争异常激烈，但是格力电器绝对不会为了抢占市场而忽略产品质量。

在与竞争者较量的过程中，格力电器往往凭借自身积累的技术优势来降低空调产品的成本，提高研发新产品的速度。不仅如此，格力电器还为产品在设计、制造、营销和管理等各个环节实现增值服务。

为了保证格力空调的质量，格力电器完善了流程管理——从原材料入厂的源头到技术的开发试制再到出厂前的检验，都设立了一套严格而细致的质控体系。如设立业内独一无二的筛选分厂，对所有的外购零部件100%的全检；建立300多家世界先进的实验室，对每一台出厂空调进行检验、测试；颁布"总裁禁令"，设置"百万巨奖"，推行"质量月"，颁布"八严方针"，成立"质量宪兵队"，董事长和总裁亲自带队检查督促质量……以此确保每一件出厂的空调产品都是"零缺陷"的产品。①

为了保证格力电器出厂的空调产品都是"零缺陷"产品，早在1999年，格力电器为此还投入百万元巨奖来推行这个"零缺陷"工程，不仅如此，格力电器率先引进"六西格码管理法"，其目的还是为了确保格力电器的产品质量。

正是格力电器实施了六西格玛管理，保证了格力电器业绩的稳健增长。据公开资料显示，2001年，格力空调的销售额为65.88亿元，比排名第二位的品牌高出8亿元。到了2002年，格力空调的销售额已经达到70.30亿元，比排名第二位的品牌整整高出14亿元，企业利润也从2001年的2.73亿元上升到2002年的2.96亿元，与不少竞争品牌销售额和利润均大幅下滑的情况形成鲜明的对比。② 在空调业很不景气的2006年，格力电器的销售额却突破了

① 陈治家：《格力：不拿消费者做实验》，《广州日报》2012年10月1日。
② 魏冠军：《格力电器规模效益稳步增长势头喜人》，《经济日报》2003年6月11日。

230 亿元，这足以看出格力电器实施六西格玛管理的直接好处。

在质量的把控上，由于重视质量管理，格力电器破天荒提出"整机六年免费包修"，这令许多空调品牌企业望尘莫及，也在竞争激烈的空调市场上赢得了消费者的信赖。

格力电器赢得了消费者的认可，正是多年来一直重视产品质量的结果——不仅坚持通过严格的质量管理手段稳步提高产品的质量，而且通过不断的技术创新为产品提供超越行业的价值。

格力的案例给中国企业的启示是，要想生存和发展，质量就是一个不容小觑的问题。不过，作为经营者必须清楚，在今天信息广泛传播的时代，各个企业的诸多产品日趋同质化，其同类产品的品质和功能等已不相上下。基于此，产品的价格优势就日益成为竞争制胜的一个法宝。

无数事例都证明，对于丰田经营者来说，价格战已经不可避免，无论在海外市场还是日本本土市场都越来越激烈，甚至已达到白热化的程度。

渡边捷昭曾经在丰田动员大会上疾呼，"海外市场竞争的焦点——价格，价格，价格"，因此，丰田要想在价格优势上赢得竞争，首先就必须在降低生产成本上找到突破口。

事实上，20 世纪 90 年代的生产率和利润的增加，主要归功于丰田降低生产成本。然而，当越来越多的制造商把"简化生产流程"作为自己降低生产成本、提升竞争优势的方法后，企业竞争的激烈也就不可避免。比如，摩托罗拉公司管理部负责人警告说："我怀疑一个不相信这种观念的企业在若干年之后还能不能继续经营下去。"

在"简化生产流程"过程中，不仅可以确保生产阶段、使用阶段和使用后的质量，而且还可以降低成本。在丰田"简化生产流程"的过程中，管理者将员工的工作和机器设备的工作区别对待。

员工从事的只有员工才能完成的工作任务，机器从事机器可以完成的工作任务。只有这样明确地加以划分，才能具有发现浪费的观察力。

比如，在丰田的制造车间，车床以自动进给的方式切削时，不会因为有员工在一旁查看而切得精细，也不会因为员工有事离开而切得马虎。员工只要将零件安装到机器上，按下按钮，机器就会自动开始工作。如果员工只是袖手旁观，就等于无所事事。

当丰田经营者发现，员工旁观的时间也同样存在浪费，为了不让员工浪费这些时间，管理者让一名员工监视多台机器或多个工序。如此一来，一直误以为站在机器旁边也是"工作"的员工可能会认为自己的劳动强度增加了，其实这样思维的根本在于不做机器的值班员，而是让员工做自己应该从事的工作。

在智能化时代，当自动机器代替以往的手工作业时，"工作效率提高了，生产效率提高了，这样成本也能降低"。在该过程中，丰田却坚持少设备、少人化，主要是丰田认为，"自动机器产生了新的浪费"。

在渡边捷昭看来，这种"浪费会改头换面出现，浪费会愈演愈烈"，这是丰田式变革的内在驱动力。每当生产方法改变时，例如，引入机器人、实现 IT 化等，丰田这样做的目的是设法不让改头换面出现的浪费从眼皮底下溜走并加以消除。这样的思维才能有效地降低成本。

事实证明，在产品生产过程中大大简化生产流程，降低生产成本，这样可以消耗尽可能少的材料和能源，努力地减少产品的零部件，使用尽可能少的人力，尽可能地缩短工时，来提高产品的竞争优势。

06／降低成本应严格控制产品生产的时间

随着世界经济一体化的不断深入，产品的同质化程度越来越高，企业之间的竞争也渐趋白热化。在这种情况下，企业利润也大幅度降低。

在利润日趋减少的情况下，要想使利润最大化，其解决的办法就只有通过创新来降低成本这一条路。因为降低成本就是增加利润，成本越小，利润就越大。为此，降低成本应该在整个流程上下功夫，尤其在控制产品生产的时间方面。

渡边捷昭强调，一旦决心严格按照交货期工作，管理者可能遭遇各种问题。比如，过早生产是因为余力过剩，余力应该转而投向其他工作。如果赶不上交货期，那是因为工作方法可能存在各种问题。不管是解决哪个问题，都是推行变革的绝佳机会。相反，一旦不严格遵守交货期，尽管不会有余力的问题发生，但是生产活动中的前置时间和节拍时间等各种时间可能存在分配不当等问题。因此，严格控制产品生产时间是降低成本的一个关键要素。

在渡边捷昭看来，只有严格控制产品生产的时间，才是丰田降低成本的一个有效措施。一般的，丰田没有任何库存，当接到订单后马上生产并直接交付给客户。

在这个过程中，一旦不严格控制产品生产的时间，就可能出现诸多问题。虽然过快过多或延迟生产都只是很细微的时间差问题，但是这样的问题都会给库存或者按时交货带来非常大的麻烦。基于此，只有严格贯彻"在必要的时候以所需量生产必要的产品"，这样的做法才能真正地、有效地降低成本。

渡边捷昭强调说道："生产指令每2个小时下达一次。如果高于这个间隔，例如每半天或1天一次性发出信息，生产线就会从易于生产的产品开始生产。我们是根据'销量'进行生产，产品下线后立刻发货。只要生产线将生产顺序稍作改变，就会纵容过快过多生产或延迟生产。"

在渡边捷昭看来，"延迟不好，过早更不好"。很多日本经济学家很难理解丰田生产方式。他们认为，同样是生产，尽早完成应该受到表扬才对，怎么抱怨完成得太早呢？

其实，如果在生产活动中纵容过多生产，就会无视生产管理指令，过早地耗尽材料费。究其原因，在这个过程中，尽管过多地生产产品，但是这些产品都到不了顾客的手中，仅仅是存放在仓库成为库存，这样的产品生产就容易增加成本。

例如：假设生产100件商品需要8个人花费8个小时，如果所需产品数量为50件，仍然由8个人来做需要4小时，因为还有时间，于是再生产50件，这就是过多生产。如果所需数量为50件，那么3个人仍然花费8个小时生产，就不会导致过多生产。如果该生产线有8人，那么不要将8人定编，而是根据所需产品数量，灵活地安排8个人、5个人、3个人进行生产。这就是"少人化"。

大野耐一曾谈到丰田的降低成本策略，他说："丰田为了推行成本减半战略，如果无事可做，员工休息就行了，有些员工却不肯停手。没有工作就老实待着。"

大野耐一这段话可谓是一语双关，既强调了 Just-in-time 的缩写"JIT",也强调了老实待着(译注:日语中"老实待着"一词的发音和 JIT 相同)。"空闲下来不好",于是提前生产,却反而增加了成本。丰田的成本管理,特别是控制产品生产的时间管理的重要性由此可见一斑。

大野耐一指出,控制产品生产的时间,必须监督员工的工作进度,而非员工的作业情况。当然,一说到监督工作,有些部门主管就误以为是监督作业情况,只要员工满头大汗地动着,就认为他在努力工作。

事实上,控制产品生产的时间关键不在于作业情况,而在于工作进度。如果认为卖力地生产根本卖不出去的产品就是努力工作,降低成本无异于缘木求鱼。控制产品生产的时间,就是要求员工能够按照"销量"按时进行生产,才是降低成本的关键所在。这种监督方法不仅在生产部门,在行政部门也是相通的。

第 5 章 | 实现成本减半，千里之行始于足下

在终端市场，不同的顾客购买不同的车，所以在制造厂，也是一辆一辆地生产；生产零件也是一个一个地生产，也即单件传送的同步化生产。丰田生产方式就是指贯彻这一思路的做法。

——丰田前副社长　大野耐一

01 / 实现成本减半，千里之行始于足下

当竞争越来越激烈时，企业经营者控制成本的意愿就越来越强烈。基于此，控制成本就成为企业经营者关注的焦点，并由此诞生了很多管理概念及工具。

在管理实践中，丰田汽车正是凭借自己的高质量、低成本、低油耗的优势打败竞争对手。但是如何理解"低成本"呢？这或许与我们的认识和理解的丰田理念失之毫厘，差之千里。

与福特汽车推崇"规模经济效应"的做法完全不同，丰田生产方式倡导的是：以"彻底杜绝浪费的思想为基础，追求制造汽车的合理性而产生的生产方式"。

由此，丰田生产方式核心理念的关键词——"彻底杜绝浪费"与"合理性生产"。相比生产的规模效应，丰田汽车更看重从生产

者到供应商以及物流配送、零售商等流程合理地调整自己，按照下游对产品的需求时间、数量、结构，以及其他的要求组织好均衡生产、供应和流通。

丰田经营者认为，单位成本低，仅仅只是在生产领域，但是对于整个供应链而言，其后所付出的成本，可能要远远高于规模经济所节约的成本。既然如此，那么众多环节的"精益"性究竟该如何做呢？

答案就是"彻底杜绝浪费"，这非常关键。究竟什么是浪费呢？按照丰田的定义，丰田所指的浪费，远比我们通常讲的浪费的概念要广泛得多，也深刻得多。

丰田所指的浪费包括两层意思：第一，一切不为顾客创造价值的活动都是浪费，那些不增加价值的活动都要消除；第二，即使是创造价值的活动，所消耗的资源如果超过了"绝对最少"的界限，也是浪费。

丰田喜一郎指出，对于丰田的成本战略，应该认识到不产生附加值的作业就是浪费，为此，丰田在执行成本控制战略的过程中总结经验，以至于在下一轮的变革中更好地降低成本。

日本野村证券经济学家西泽隆谈到，丰田要实现成本控制战略，就好像千里之行始于跬步一样，丰田降低成本的变革还是应该从改变工作方法的作业变革开始，如果发现作业动作中存在浪费就需要将其清除。在作业过程中，员工寻找或者搬运某件物品的浪费也属于此类。究其原因，只要贯彻整理整顿，确保任何一个员工都能随时地找到所需物品，那么员工寻找、搬运的成本就会降低。

对于四处寻找零件和填写货单这样的作业问题，很多制造厂的员工可能会认为，"这些作业虽然不能产生附加值，却可能是开展工作所必需的作业"。其实，这样的观念阻碍了降低成本的变革。为此，丰田应该贯彻落实零件的整理整顿工作，免去多余的货单填写，不将零件剥皮。

日本野村证券经济学家西泽隆进一步指出，关于作业方法，只需将最顺畅的做法作为标准作业。而关于作业时间，在很多企业中，通过让多个人从事相同作业并取其平均时间的做法，其实这样的做法本身就是错误的。

在很多时候，从表面上来看，这样的做法并无二致，但是在实际的工作中就会有所不同，作为管理者，应该注意到这个偏差。

一般的，时间最短的做法无疑是最为轻松的做法。此刻管理者需要思考为什么其他做法会花费更多的时间。

当管理者贯彻落实这些作业变革后，接下来就需要变革设备和工序。一旦管理者忽略这一阶段，直接引进最新式的机器，或者一下子更换成新的生产线，这样的做法可能会令作业人员不知所措，甚至引发不满，招致反对。

发生这个问题的原因是缺乏智慧的反馈途径，很多作业方法只能受机器摆布。同样引进一台机器，但凡自己调试过，发生故障也能马上修复，还有助于新的变革，同时还可以将变革按部就班地进行。因此，降低成本就必须从本工序回溯到前期工序，如果本工序马虎了事，却对前期工序和合作企业提诸多要求，这样的做法显然是不合理的。

管理者在认真完成本工序的基础上请求对方："如果您能够提供这些合作，我们可以更快更省地生产出更好的产品。"

这才是管理者应有的姿态。当然，在很多情况下，许多员工图省事，认为改变本工序的生产方式会很麻烦，动辄向合作者提出过分的要求，这都是本末倒置的做法。因此，降低成本应该从检查是否认真做好了本职工作开始，进而逐渐扩大变革范围，回溯到前期工序，这一顺序决不能搞错。

毋庸置疑，降低成本是一个系统工程，必须经过一系列的变革才能完成，为此，日本野村证券经济学家西泽隆强调："丰田实现成本控制战略，必须变革有其先后顺序。"西泽隆强调的变革，其实包括了"作业变革""设备变革""工序变革"等具体做法。

02／不要批评，而要对降低成本的方法善加利用

在企业经营中，提高企业经济效益，关键在于加强企业成本管理，不断地降低产品成本。在降低产品成本的思想体系中，经营者需要树立系统整合思想，比如，选择适合自己企业的合作对象。

企业采购原材料、生产产品、出售产成品等经营活动，是一项繁杂的系统工程。作为经营者，不能把降低产品成本看作是企业的一个孤立行为，而应该把组成向最终市场供货链条的所有生产商和中间商等相关的合作对象，视为一个降低产品成本的有机整体。只有通过整个系统，才能有效地降低产品研发和生产等成本费用。

当向最终市场供应产品时，其价格才能降低，才能有效地提升产品的竞争力。因此，要使产品在市场上拥有较强的竞争力，就需要整个供给系统的全体合伙者达成一致共识，彼此之间建立一种唇齿相依的关系，联合起来、共同努力，切切实实地去降低整个供给系统生产和流通过程的费用，以提高产品竞争能力。

这是因为在供应系统中，但凡任何一个成员的不协调行为，都会抬升产品的生产成本。因此，企业降低产品成本和经营管理费用的关键途径之一是必须选择合适的分销商、经销商等合作伙伴。

为此，日本野村证券经济学家西泽隆强调："不要批评，而要对降低成本的方法善加利用，在丰田，我们在成本变革方面，不要乱批评别人的成本方法，或者在了解公司、车间和工厂情况时，不会找出坏的方面横加批评，而是擅于发现好的方面加以利用。"

渡边捷昭在谈到成本变革时说："变革取决于领导。究竟应该悲观地看待事物还是愉快地看待事物？我认为应该愉快地看待它并努力解决。我经常对员工们说，不要老是哭丧着脸，哪怕假装也要微笑着努力工作。有些管理者能够列举出本公司 10 个、20 个坏的方面，员工无能、技术薄弱、销售薄弱等不一而足。而反问他们好的方面是什么，大多数人会无言以对。照此情形变革难有进展。只有对好的方面善加利用，在积极、乐观、轻松的气氛下才能顺利变革。如果员工们整天哭丧着脸，抱怨不断，原本可以顺利开展的事情也会失败。"

渡边捷昭认为，"丰田的员工拥有生产好产品的能力，只是方法与时代不合拍"，正是因为渡边捷昭和员工一起投身于丰田的生产方式改革，最终才获得成功。

在渡边捷昭看来，仅仅只揪住坏的方面横加批评，这是非常容易的一件事情，除非此人是评论家，否则对降低成本没有多大的益处。在致力于改变公司、车间和工厂的改善时，思考"有哪些好的方面""如何将其发扬光大"的做法，比单纯的批评更具有建设性。

在降低成本方面，渡边捷昭认为，丰田应摆脱美国式管理的局限。当面对独领风骚的业绩，日本丰田生产体系专家一致认为，"丰田的利润是省出来的"。

这样的解释可能让众多中国企业家难以置信。的确，不论是MBA 教程与哈佛讲堂，还是迈克尔·波特、杰克·韦尔奇的理论与实践，企业家们都从没有听到教授讲过这样的企业经营理论。

当很多中国企业家真正地了解丰田及时生产后，他们才恍然地发现，在改革开放 40 年里，他们心目中的"管理"，只不过是地道的"美国式的管理"。

之所以造成这样的错觉，是因为企业家们已经习惯地将"美国式管理"的一切逻辑与演变，当作管理企业的教科书。

当企业家们发现，唯有亲临现场，才能真正地解决企业在生产经营中存在的问题，可谓是"一叶障目"的顿悟。其实，在经营中，其管理哲学、管理体系、管理工具、管理执行，都远比企业家在死守美国教科书要广阔得多、复杂得多……因为，管理是实践。正如著名汽车配套商日本电装公司所提出的："百闻，不如亲身感受。"

当然，丰田的成本变革不是对过去的全盘否定，这样做只能招致全体员工的强烈反对，特别是在临危受命重建公司、车间或工厂时，既然面临危机，其存在的问题自然很多。

在这样的严峻形势下，员工可能因为削减经费而苦思冥想，甚至工作消沉，也可能因为没有觉察到危机而莫名其妙地松懈，也可能还会互相推诿，比如"销售不好""技术不好"，一副事不关己的态度。

这样的现状就会发生诸多浪费，出现问题也在情理之中。面对问题，管理者将过去全盘否定，"这么长时间都在干什么呀。这种做法是行不通的"，并贸然引入截然不同的做法，十有八九会失败。偶尔也有通过休克疗法获得成功的例子，但改革多半会中途受挫。即使短期内进展较为顺利，不久就会恢复原状。

在降低成本的改善中，作为旁观者，其眼中的诸多产生浪费的做法，在长期坚持的做法的员工看来，自己绝对没错。因为曾经他们非常顺利，也正因为曾经很顺利，才成就了今天的公司和今天的地位，他们甚至会说，只是当前公司的运气不好，没能跟上时代变化。

然而，许多员工本人并不会意识到是自己的错误，或者有的员工即使意识到了自己的错误，但是也不知道该如何应对和解决，只能一厢情愿地认为"好时代会再来"。

作为管理者，倘若忽略了员工们的诸多心态，对"以往的做法都行不通"进行否定，甚至一棍子打死，采取一刀切的做法肯定会遭遇员工们的极力反对。一旦情绪对立过了头，员工和管理者就无法听到建设性意见。对公司、车间和工厂进行变革时，从批判开始将寸步难行。

作为被 A 化学制造商寄予厚望的某干部，曾调派至深受赤字困扰的美国子公司，让他负责美国子公司的重建工作。

当该干部走马上任后，他每天都去工厂和仓库，主动跟员工们打招呼，边看边走边将掉在地上的托盘木屑、塑料和原料捡起来。

以前，美国子公司从未有母公司派来的老总巡视过工厂和仓库。刚开始时，员工们对他投以奇异的眼光，但是日复一日看着他每天前来和员工打招呼，捡掉在地上的托盘木屑、塑料和原料的样子，员工们的想法也悄然开始发生了变化。

重建美国子公司的计划原定 3 年，却仅用了一年半就成功使公司扭亏为盈。

在管理实践中，仅靠回收掉在地上的托盘木屑、塑料和原料是不可能实现盈利的。其实，该干部在巡视工厂和仓库的同时，是在冷静地观察哪里存在浪费，应该削减什么流程，资金又应该用在什么地方，等等。

美国子公司的这个事例说明，负责人亲临现场，亲眼逐个找出问题的所在。因为员工们会从该干部的言传身教中领悟到自己应该怎么做，而不需要三令五申。

神户健二出任理光 Unitechno 总裁并负责重建时，每天至少 3 次前往工厂和仓库，主动向大家问好，巡视现场。

神户健二总裁巡视时，通常会注意到各种问题，例如"为什么架子会多余这么多""为什么要采取这种做法"，并逐一采取对策，引入全新的生产方式。

上述案例给中国企业家的启示是：要想降低成本，减少浪费，建议管理者"每天查看工厂和物流的情况，并去顾客那里了解情况"。

当管理者掌握事关销量的信息、准确了解本公司状况后，启动有针对性的改善，其成功的几率就会大大增加。在很多企业中，我们发现，越是感叹"我们公司实在是……"的管理者越是对本公司的情况和顾客动向一无所知。想了解公司、车间和工厂的情况，首先要亲自去走一走看一看，直到自己满意为止。

03 / 不要只是开讲，而要实地实物付诸行动

在丰田，一旦要着手改善成本变革，需要有充分的准备。一旦有了足够的准备，即使出现一些问题，也能应付，很少会出现事后

叹息"严重失败"的情况。倘若马虎，粗浅鲁莽地改善成本变革，通常很容易导致新的浪费。为此，渡边捷昭认为，丰田成本减半的战略，既然决定了就坚持到底，否则，就会事半功倍。

丰田住宅近畿的竹马理一郎总裁是这么评价丰田集团的："决定之前全面地进行讨论，慎之又慎。一旦决定就会展开行动并坚持到底，这就是丰田。"

在竹马理一郎看来，改善成本也应该充分研究，一旦决定就坚持到底，这才是最佳姿态。为此，渡边捷昭进一步指出：对于丰田的成本减半战略，不要只是开讲，而要实地实物付诸行动和实践，接下来就是将已经制订好的成本控制计划很好地执行下去。

第一，削减。

一般的，在整体因素确定的情况下，管理者对成本的控制，需要把每项生产经营活动所产生的成本作为重点。

这里的成本，既包括生产产品所付出的作业劳动，同时也包括此过程所消耗的所有资源。为此，丰田在降低生产经营成本时，首要的任务就是从减少非增值作业开始。

通常情况下，在企业经营中，购货加工、装配等均为增值作业。作为大部分的仓储、搬运、检验以及供、产、销环节的等待与延误等，由于并没有增加产出价值，这就是所谓的"非增值作业"。因此，在此几项作业中，应该减少，直至消除。为此，渡边捷昭大刀阔斧地砍掉了一半的仓库。

为了解决原材料和成品库存怎么办这个问题，渡边捷昭缩短采购时间和加快交货时间。为了缩短采购时间和加快交货时间，渡边捷昭还重新组建了销售部，明确了几个主要销售市场，甚至还砍掉了其他枝叶市场。

第二，明确各部门的成本任务。

为了明确各个部门的成本任务，渡边捷昭将企业的整体成本进行了详细的核算，将成本控制的压力分解到了每个车间和每个部门。为此，渡边捷昭用"模拟市场核算、倒推单元成本、实行成本否决、全员成本管理"的方法，明细每件产品的成本。

渡边捷昭的具体做法是实行成本倒推，先测算出各项费用在成品中的最高限额，然后再传达给每个部门或者车间。

例如，各种原燃料消耗、各项费用指标等，横向地分解落实到各部门和车间，纵向分解落实到班组和个人，最终层层地落实，使责、权、利统一，最终在整个企业内形成纵横交错的目标成本管理体系。

由于渡边捷昭的成本控制计划极为详细，小到一张 A4 纸都会计入成本之中。不仅如此，渡边捷昭还曾专门组织了一个督察小组，每天跟踪检查每一个环节，同时还记录和打分。

第三，精细化管理。

在降低成本的变革中，没有数字进行横向和纵向的衡量，就无从谈及节俭和控制。渡边捷昭推出了成本控制计划后，出台了一份数字清单，包括各工种员工的工资、电费、办公用品费、销售费用、油费、样品费等几十项费用。

渡边捷昭将费用分为可控费用（人事、水电、包装、耗材等）和不可控费用（固定资产折旧、原料采购、利息、销售费用等）。

在每星期、每月、每季度时，上述成本费用由财务汇总后上报到管理者手中，红色或者特别标识将显示数据超支和异常。在每周一的例会和每个月月底的总结会议中，相关部门负责人因此解释为什么会出现超支的部分。

第四，成本管理的提前和延伸。

在制订成本控制计划时，丰田曾提出过"成本管理前置"的概念。随着成本控制计划的顺利开展，渡边捷昭就是此概念的坚定支持者。

在渡边捷昭看来，在企业的成本结构中，产前与产后的成本比重在逐步增加。这就决定了成本管理不能停留在产品生产过程的耗费控制上，更需要着眼产前的产品设计和材料采购的成本控制、产后的产品营销和顾客使用成本的控制，以及跨组织的成本管理等方面。

在这个链条上，管理者不仅需要涉足企业的研发、供应、生产、营销及售后服务部门，超越了传统企业的管理者边界。

由于是在相互协调中降低了成本，就需要从产品的设计开发开始，在每个环节都尽力地设计满足目标成本要求、具有竞争力的产品，从源头上控制成本的发生。

为此，渡边捷昭指出，将成本控制提前和延伸。所谓提前就是加大技术投资，控制采购成本；所谓延伸就是将上下游整合起来。

渡边捷昭坦言，很多管理者由于局限在某些手段方法上，特别是有些管理者对于社会上的手段方法，认为只要取其优点善加利用就行了，甚至将这些手段方法当作灵丹妙药。其实，这样的做法是错误的。

的确，在各个时期，都会涌现无数改变公司和工厂、车间的理论，尤其在眼下众多公司考虑"不得不变"的年代，企业管理者都在拼命地寻找根治企业的良方。有些方法如风潮般瞬间扩散，丰田生产方式也曾经几度掀起热潮。

对于经营者来讲，再好的理论，即使学得再多，一旦业绩毫无起色，或者即使短期内有了变化，不经意间辛苦的尝试又被抛诸脑后，这样的理论无疑是空洞的。因此，一旦经营者将社会上的手段方法当作灵丹妙药，终究只是短期的跟风而已。

在成本变革时，作为经营者，亟须了解变革的公司、工厂和车间，由于其自身的特性，其生产的东西又不同，员工也不同。倘若忽视这些差异，强行引进某种手段方法，无疑会画虎不成反类犬。

圣罗公司是贵州省遵义市一家从事化工生产的公司，该公司规模不是很大，员工只有 165 人。

经过多年的打拼，圣罗公司在遵义地区具有了一定的知名度，并在贵州市场上占有不小的市场份额，发展较快。

为了更好地占据更多的市场份额，同时也为了促进圣罗公司继续保持快速超常发展，不可否认，要想达到这样的战略目标，就必须提高圣罗公司所有员工的工作积极性和岗位效率。

为此，圣罗公司总经理李伟生就把 A 世界 500 强企业所实施的"目标管理激励法"，照搬进圣罗公司来对所有员工进行目标管理。

在李伟生看来，世界 500 强企业采用的激励制度一定是好制度，照搬照抄也可以促进圣罗公司的高速发展。为了实现销售额翻番的目标，于是，圣罗公司根据第一年的销售额，制定的第二年销售额是第一年的两倍。

在动员大会之后，李伟生将这一销售额计划从销售总监到一线销售员的顺序自上而下传达，同时李伟生还取消了圣罗公司原执行的按销售比例提成的制度。李伟生宣布按照员工管理的要求，从即日起，未完成销售目标任务的员工只能拿到较低的提成，而超额完成目标任务的销售员却可以拿到巨额的提成和奖金。

从理论上来讲，圣罗公司实施目标管理是可以能够继续快速增长，同时圣罗公司的优秀销售员工在超额完成销售目标任务后，可以拿到巨额的提成和奖金，工作积极性和岗位效率将大幅度提高。而对于不能完成销售任务的员工，当然，也就只能拿到较低的提成，还降低了圣罗公司人力资源成本，看起来是双赢的事情。

然而，当圣罗公司的销售员工仔细分析后发现，由于圣罗公司在高速发展之后，市场占有率已经很高，已经不可能像以前那样有大幅度的提升空间，再加上竞争者加大了降价和促销的销售力度，这就使得圣罗公司丧失了产品优势，特别是随着圣罗公司市场占有率的扩大、销售员人数的激增也就导致每位销售员所拥有的潜在市场变小。而且圣罗公司在资金实力、内部管理、配套服务方面跟不上快速增长的需要，几乎无人有信心完成两倍于前一年的销售额。

一年之后进行核算，圣罗公司没有一个销售员能够拿到高额提成，相反，销售员的工资和奖金比以前大幅度减少，于是核心销售员流失殆尽。

两年后，该公司已濒于倒闭。

这样的做法举不胜举，不过多数以偏重知识的管理者居多。主要是尚未充分了解公司和工厂、车间的情况，就胡乱抓药。

由于手段和方法本应不同情况区别对待，却盲目变革，其做法无疑是削足适履，这样的解决办法怎么能够顺利地变革呢？

降低成本不是一句时髦的空话，必须强制执行：一方面，在作业现场能作出判断；另一方面，必须坚持地执行下去。

一般的，"不先入为主，将事物看作一张白纸"，这是丰田常提及的工作改善的态度。一旦出现问题后，倘若先入为主的观念太强，无疑就会朝有利于自己的方法去解释，这样就可能无法找出问题真正的原因。

这样的改善方向都可能出现错误。为此，当出现问题时，需要抛开无谓的先入为主的观念，将问题看作是一张白纸，亲赴现场看实物。

为此，渡边捷昭举例说道："某管理者基于自己的经验说工厂几乎每个月都会发生事故。每当发生事故时，部长和科长都会拿着材料前来汇报情况，我听完汇报却依然不得要领。材料确实很齐全，但是我发现他们似乎并没有亲临现场。在我亲自了解后发现，熟悉详细情况的是主管以下的人员，作为责任人的部长和科长根本没有亲临现场，只是根据材料来汇报事故和研究对策。长此以往，根本无法预防事故发生，于是我根据现场情况反复思考对策，现在工厂极少发生事故。原来那些部长和科长无意间只是根据数据和材料在管理。"

在渡边捷昭看来，一旦抛开了实地实物的变革，只能是纸上谈兵，变革必须建立在实地实物的基础之上。管理者赴实地看实物，不带任何偏见地看待实物，这样的解决办法无疑会有效得多。

总结过丰田及时生产的大野耐一，极力主张"当心中有疑问，或不知所措，或灵感闪现时，最好去现场。现场才是学习的地方，而且看过现场之后就能判断出自己思考的东西是好是坏，这又能引出新的问题"。

在大野耐一看来，忽略了实地实物的变革将无法发挥预期的效果。确实，在世界经济一体化条件下，成本高低决定着企业效益的好坏和企业的兴衰。因此，如何加强成本管理、提高经济效益，就成为企业长期探讨的重要课题。为此，降低成本必须控制整个流程，靠仅有的几次参观无法了解现场情况，故此肯定无法降低成本的，一种常见的误区就是：认为去了现场，就能降低成本。

可能读者会问，是否只要去现场就行了呢？其实真实的情况并不是如此简单的。大野耐一曾讲道："最近常听到许多管理者说：'反正我是去现场的'，并夸耀自己的行动能力：'我一天要去好几个地方，倾听他们的声音'。"

为此，大野耐一曾反问道："真的能做到这样吗？"在大野耐一看来，管理者去店面、营业点、工厂本身就是一种较好的姿态。不过，管理者只是参观或视察，那么这样的去现场就毫无意义。

倘若前任管理者没有视察过现场，可能不会具有鼓舞员工士气的作用。当然，一旦关键的现场并没有实现"可视化"，使得任何人都对情况一目了然，那么走马观花式的参观，很难抓住问题的根源。

不可否认的是，想要抓住问题的根源，必须有耐心地每天前往并花数小时仔细观察，逐个探究"为什么不能按计划生产""为什么顾客数量比预计的少""为什么员工们的动作是那样的"，同时还需要与每个员工进行切入式交谈。

一旦没有查看现场，就强行套用其他企业的方法，无疑是一种非常危险的行为。或者靠仅有的几次参观，就认为自己了解了现场情况，这样的做法或许更加危险。因此，管理者看过现场后思考，思考后去看现场，如此反复就能发现需要变革什么，而且这种变革能够切实发挥效果。

04／ 想要提高整体效率，就必须降低成本

麦肯锡曾这样评价日本企业：有成本优势的巨人却是成本管理上的侏儒。其实，成本控制是一门花钱的艺术，而不是节约的艺

术。如何将每一分钱花得恰到好处，将企业的每一种资源用到最需要它的地方，这是日本企业在新的商业时代共同面临的难题。

为此，丰田想要提高整体效率，就必须降低成本。然而，长久以来的误区就是，只要在某个方面降低了成本，整体效率就会提高。渡边捷昭指出，只有在各个流程中降低了成本，整体效率才会有效，如果只有某个部门降低了成本，对于整体的效率，只不过是冰山一角。

在丰田，实现降低成本的目的，其手段和方法是多种多样的。一旦发现不能降低成本问题时，通常会启动再次降低成本的变革。在变革中，丰田会展开充分的研究，将想到的变革方案尽数列出，然后综合地逐个进行认真研究，选出适合丰田的最佳方案。

在此过程中，一旦敷衍了事，那么"降低成本"的变革效果就会大打折扣。比如：在钉钉子的工序中，用锤子敲击钉子的动作能产生附加值，而举起锤子的动作不产生附加值。如果采用钉钉子机，工作效率就会大幅提升，可以实现比以往更多的作业，甚至还能减少人员。

从表面来分析，这么做无疑是划算的，但是当仔细研究后就会发现，无需花钱引进钉钉子机，只要改变作业方法，就可以获得媲美前者的效果。

从这个角度上来看，花钱购买钉钉子机的变革方案无疑就是一个失败的方案。不仅如此，一旦让数倍于人为作业的速度钉钉子进行全负荷运转，反而可能会纵容过多生产造成浪费。

在很多时候，一提到对降低成本的问题进行变革，丰田的高层领导就会出机械化。然而，表面上成本降低了，实际却带来新浪费的例子不在少数。着手成本变革时，应该首先列出若干个变革方案，进而从各个角度认真研究"是否真的能降低成本"。

渡边捷昭指出，成本变革方案必须能够提高整体效率。如果像上面提到的钉钉子机那样，只提高某道工序的效率，而前期工序和后期工序保持不变，反而会引起混乱。如果成本变革不但增加成本，还降低整体效率，就只能以失败告终。

为此，推动成本变革时，考虑若干个成本变革方案，从中挑选出能够降低成本并提高整体效率的方案，这才是最重要的。

渡边捷昭认为，企业在降低成本的过程中，其核心思想是提高（或不损坏）其竞争地位。倘若某项成本措施削弱了企业的战略地位，就需要弃之不用；倘若某项成本的增加有助于增加企业的竞争实力，那么，该成本还是需要保留的。

例如，引进高水平的设计师，这对于生产个性化纺织品企业来说，无疑有助于增强企业的全球竞争优势。因此，一旦企业把成本管理提升到战略位置，那么成本管理就已经不再局限为财务部门和生产部门的事情，更应该全方位、多角度突破企业边界的成本管理体系。

既然如此，如何才能确立这个成本体系呢？渡边捷昭的答案是价值链分析法。在执行成本管理之前，需要分析企业内部、所处行业以及竞争对手的价值链构成状况，从战略角度确定控制成本的基本方向。

第一，分析企业内部价值链。对各个车间的各个生产环节进行了梳理，对每一个生产环节的成本与收益进行了细化，同时还对管理部门、销售部门、采购部门等主要部门的成本与效益进行了梳理。

第二，分析行业价值链。所谓行业价值链，是指企业即存在于某一行业价值链的某个点，这一联系存在于行业内部为顾客提供某种最终产品或服务的相关企业之间。在经营实践中，企业上游、下游与渠道企业的连接点都能够显著地影响企业的成本。例如，供应商产品的包装能够减少企业的搬运费用，改善价值的纵向联系可以使企业与其上、下游和渠道企业共同降低成本，提高整体竞争优势。

第三，分析竞争对手的价值链。由于竞争对手的价值链和本企业价值链通常处于行业价值链的平行位置。当经营者通过分析竞争对手的价值链，往往可以测算竞争对手的产品成本。此刻就可以与之相比较，找出与竞争对手在作业活动上的差异，有针对性地实施扬长避短的策略，有效地降低成本，从而获得竞争优势。

一般的，管理者需要对同行业其他对手的价值链进行多维度的分析。为了能够更清楚地了解竞争对手的具体生产消耗，有些企业还让部分员工以卧底的方式进入对手企业工作，以此获得真实的第一手资料。

当管理者获取这些资料后，通常会专门开一个本企业与竞争产品分析会，对每一个环节的细化进行比对。主要有三点：第一，与对手差距不大的工序，由于提高效率，可能需要较高的成本，通常保持现有状态；第二，与对手差距较大的工序，管理者会加大投入；第三，本企业可能形成较大优势的工序，比如设计，管理者会加大投入，争取形成压倒性优势。

就这样，管理者在对企业内外、横向、纵向的价值链进行深入分析的基础上，结合企业自身的长远战略，再根据本企业所处产业竞争环境，重构适应性的价值链。

渡边捷昭认为，成本变革的方案绝不止一个，只有最合理、科学的方案才是最好的方案，如果还有另外一个方案可行，那么这个方案肯定是失败的。另外，最大化降低成本必须让每个员工养成成本领先的意识，让每个员工在降低成本的变革活动中养成"自己寻找答案"的思维，这样的方法可以培养人才。

当员工们在进行降低成本变革时，总是愿意尽快地找到降低成本的答案。此刻，员工无疑会去请教上司。为此，此类人才值得培养。

当管理者遇到这样的员工，应该耐心地引导："你有什么变革方案吗?""你对降低成本有什么看法?"哪怕该员工的答案不尽如人意，也应该让该员工认真地解释"降低成本"的方法，这是因为从降低成本的目的来分析，该员工提出的方案的合理与否不太重要，重要的是管理者鼓励该员工既能使其养成思考的习惯，又能培养人才。

大野耐一的传授方法是很严厉的。给他看某个变革方案时，大野耐一会说："想办法去掉一个零"，或者"以1万日元（约582.75元人民币）来做"。大野耐一总是提出更为严格的目标。他并不是吝啬，而是希望不要图省事而倾向于用钱解决问题，甚至不花钱的方案也要三思而后行。从变革的本来目的"降低成本"来看，大野耐一的话合情合理。

05／一旦一个环节出错，降低成本就会一无所获

在流程变革中，降低成本是一个系统工程。为此，渡边捷昭指出，一旦一个环节出错，降低成本就会一无所获，因为汽车企业保

持竞争优势，不断地提高竞争能力的关键在于成本管理。

近几年来，由于钢铁、铝材等大幅涨价，极大地提升了汽车企业的生产成本。因此，只有整体降低成本，才能提高其效益。

为此，渡边捷昭曾谈到，丰田公司始终坚持以市场为导向，以研究开发为龙头，在生产流程中，积极推行全面品质保证制度，每一个制造环节都严格按照规范执行，从而保证了产品的品质。

在渡边捷昭看来，在品质保证的前提下，丰田公司不断地挖掘自身的潜力，提高其效率、降低成本，致力改善生产技术，采取较为严谨的成本控制措施，确保丰田产品的价格拥有竞争力。当利润稳定增长后，才能够在竞争激烈的国际市场中立于不败之地。

大野耐一曾介绍说道："要求制造部门降低百分之几的成本，设计部门降低百分之几的成本，搞摊派，万一对方不配合，就会一无所获。"

在大野耐一看来，对于任何一个企业来说，每个员工都能想出降低成本的变革方案。然而，当方案被付诸实施时，通常就会感叹"现场没有积极响应"。

员工也感叹"现场不听指挥"，现场则对出谋划策本身抱着无所谓的态度："不管我们提什么建议，那些业务人员根本听不进去"，于是变革停滞不前了。

在很多企业中，由于年轻的员工没有权力，很难开展工作。神户健二在他 25—26 岁时，为了推动现场的变革，决心努力使自己成为现场可以依靠的人。

神户健二每天数次前往现场，每当现场有难事，或自己注意到一些小事情，都会悉数加以变革，并建议他们"这么做更省力"。

久而久之，现场员工认可了神户健二，甚至觉得神户健二"这个小伙子很有意思"。不久神户健二的变革方案率先得以执行。

大野耐一非常强调现场管理。大野耐一经常对部门领导说："做手下可以依靠的头"。

比如，丰田前社长张富士夫曾经被大野耐一找去谈话，当张富士夫急匆匆赶到，却反而被大野耐一骂了一顿："你这么快就赶来，说明你不是现场值得依靠的人。如果真是值得依靠，手头正在忙的话，即便是我找你，也不可能这么快就赶到。"

在大野耐一看来，"看过了现场，就要为他们做点什么"。这是成为现场可以依靠的人的关键。

渡边捷昭指出，从人的心理来说，改变惯常做法总会有担心，也会有抵触。让他们亲眼目睹是尽量减少这种担心最有效的办法。

渡边捷昭举例说，A 化学制造商的某位干部极其重视与现场的沟通，他经常到一线去和员工进行沟通。

一般的，该干部不是给部长、科长下命令，而是注重和车间主任级人员的交流。该干部说道："有些部长、科长并不愿意去现场巡视，所以如果他们想改变什么却被车间主任斥为'毫不知情'也无可厚非。只有车间主任认可并同意改变，生产现场才会变，而不是部长、科长说了算。我常常趁着晚上换班时间去现场，穿着牛仔裤去大家休息的地方，跟他们说，下次准备这般变革，准备尝试这种做法。一旦车间主任认可，工厂就会行动起来，大家的干劲也会很足。"

注重日常沟通，不仅能大大地降低成本，而且还能够提高员工降低成本领先的意识。理光的滨田广董事长曾认为，员工们的满意程度存在个体差异，自己更重视"员工认可"。

滨田广董事长的真正意思是，希望每个员工在认同自己所从事工作的基础上努力工作。许多管理者总是以权压人，如此被说服的员工当然是带着抵触情绪工作。

某天晚上，日本索尼公司创始人、董事长盛田昭夫，按照惯例走进索尼餐厅，与索尼的员工一起就餐、聊天。

这是盛田昭夫多年来一直保持的习惯。当然，盛田昭夫之所以这样做，其目的还是为了更好地培养索尼员工的合作意识，以及员工与老板良好的沟通关系。

像往常一样，前来就餐的盛田昭夫扫视四周，却发现在餐厅的一角上坐着一位愤愤不平的年轻员工。该员工看上去郁郁寡欢，满腹心事，只顾在那里闷头吃饭，见谁都爱搭不理。

看到此种情况，盛田昭夫再也坐不住了，就主动坐在这名员工对面，与他攀谈。在盛田昭夫的关怀下，这个员工终于向盛田昭夫讲述了自己的遭遇："我毕业于东京大学，当时有好几个商社邀请我加盟，都给我一份待遇十分优渥的工作。在加盟索尼之前，我对索尼公司非常崇拜，甚至有些发狂。当时，我认为我加盟索尼，是我此生中最佳的选择。不过，此刻我才发现，索尼并非我想象的那么完美，我不是在为索尼工作，仅仅是为了给课长干活。坦率地说，我们部门的课长是个专横、无能的家伙，更可悲的是，我所有的研发计划和建议都得课长批准。我工作之余的一些小发明，或者对一些工作流程的改进，得不到课长的支持，这打击我的研发积极性。对我而言，这名课长就是索尼。我为此十分沮丧，心灰意冷。我为什么居然要放弃了其他几份待遇十分优渥的工作来到这种鬼地方？"

该员工的这番话震惊了盛田昭夫，敏锐的盛田昭夫由此断定，类似的问题在索尼内部员工中不在少数。作为企业管理者，应该关心员工的苦恼，了解员工的想法，不能堵塞员工上进的通路。在这样的背景下，盛田昭夫开启了索尼公司人事管理制度改革的引擎。

之后，索尼公司每周都会按时出版一期内部小报，报上刊登各部门需要的"人才"。当索尼内部员工看到这样的"英雄榜"后，可以自由而秘密地应聘，主管他们的课长无权阻止和干涉。

另外，盛田昭夫原则上坚持每隔两年就轮岗调换一次工作，特别是调换那些精力旺盛、干劲十足的员工。盛田昭夫这样做，不是让这部分员工被动地服从，而是主动地给这部分员工施展才能的机会。

当索尼公司实行内部招聘制度以后，能力较强的员工大多都能找到自己较为中意的岗位，而且人力资源部门可以发现那些"流出"人才的课长所存在的问题。其后，索尼公司得到了迅猛发展。

索尼公司能取得今天的成就，肯定离不开盛田昭夫当年的管理方法，以及他留下的企业文化。即使在今天，索尼的业绩依旧表现不俗。

公开资料显示，2017 年 8 月，索尼公司公布了 2017 财年第一季度（2017 年 4 月 1 日至 6 月 30 日）业绩：2017 财年第一季度，索尼公司销售收入与上年（2016 年）同比上升了 15.2%，为 18581 亿日元（165.90 亿美元）。

财报还显示，营业利润方面，与上年（2016 年）同期相比增长了 180.5%，为 1576 亿日元（14.07 亿美元）。

财报中提及，索尼公司营业利润同比上升的主要原因是，半导体业务及影像产品及解决方案业务的利润改善。具体到索尼公司的各个业务，见表 1。

表 1　索尼集团各业务门类 2017 财年 Q1 业绩表现

（2017 年 4 月 1 日—2017 年 6 月 30 日）　　（单位：亿日元）

业务部门	销售额	营业利润	备注
移动通讯业务	1812	36	营业利润大增 771.3%
游戏及网络服务业务	3481	177	销售额增长 5.4%
影像产品及解决方案业务	1556	232	彻底走出熊本地震阴霾营业利润大增 209.1%
家庭娱乐及音频业务	2569	226	高附加值产品带动营业利润增长 11.6%
半导体业务	2043	554	销售额大增 41.4%
影视业务	2058	-95	电视节目制作和媒体网络服务销售额大幅增长
音乐业务	1686	250	可视化媒体和平台、录制音乐业务带动营业利润增长 57.6%
金融服务业务	3032	462	索尼人寿销售额增长显著
集团整体业务合计	18581	1576	5000 亿利润目标稳了

数据来源：搜狐财经，2017。

事实证明，如果员工被管理者充分认可，就会拿出干劲，更不会有不服气不满意。因此，变革应注重平时与现场人员的沟通，要做好多次交谈的心理准备，直到觉得对方"已经认可"。另外，管理者还必须妥善照顾因为变革失去工作的人。比如，当废弃传送带时，管理者应该考虑到那些维护人员的心情，告诉他们"为什么要取消传送带""希望今后利用你的技术从事这项工作"，管理者需要得到对方的同意。如果不做这些努力，管理者一味感叹"不听指挥"，管理者在变革过程中无疑是不会有所进展的。

第 6 章 | 制定成本减半的目标，势必要从根本上重新谋划

　　丰田致力于将各种生产管理活动，都变得"可视"。在外在表现上，丰田车间内的每一道工序、每一个规格、每一种状况，都基于人性的特点，用"一望而知"的颜色、形状、位置和独具丰田特色的"看板"来区别和显示。而其内在逻辑是：可视化，使得企业现场人员能够迅速发现异常。

——《中外管理》主编　杨光

01 ╱ 只有实现了可视化，才能形成健全的危机感

在美国式管理中，量化是绩效考核的核心，许许多多的管理者习惯地通过众多报表、众多数字发现企业的问题。这样的管理模式使得由"人"构成的组织管理，在绩效考核清晰的同时也让管理者与员工之间出现隔膜。

与之不同的是，丰田的内部管理更强调"眼见"的管理模式。其理论有其科学依据，根据科学数据表明：在人类认知世界的信息获取中，视觉比例高达 87%。

基于此，《中外管理》主编杨光在考察日本企业后感慨地说道："丰田致力于将各种生产管理活动，都变得'可视'。在外在表现上，丰田车间内的每一道工序、每一个规格、每一种状况，都基于人性的特点，用'一望而知'的颜色、形状、位置和独具丰田特色的'看

板’来区别和显示。而其内在逻辑是：可视化，使得企业现场人员能够迅速发现异常。"

丰田前社长张富士夫为此解释说道："丰田生产方式是一种对异常情况进行管理的方式。有异常的现场根本就不存在。而没有异常的后面，反而隐藏着重大的问题。"

在丰田生产体系中，"自动化"的概念很重要，在张富士夫看来，其内涵并不是我们理解的由机器一气呵成的"自动化"，而是"当机械化生产出现异常及不良品时，生产线能够停下来，从而保证质量"。正因为如此，丰田才笃信"品质是制造出来的，而绝不是检查出来的"。

张富士夫坦言："我们做好了准备等待着异常情况的出现，这样我们才能调查出原因，特别是原因背后的真正原因(丰田称为'真因')，并采取相应的对策。"

在张富士夫看来，持续对现场进行改善，是丰田生产体系管理的着眼点。而完成可视化，是一切改善的开始。为此，只有实现了可视化，才能形成健全的危机感，这样更有利于丰田成本减半战略的顺利执行。

丰田前社长张富士夫指出，丰田主张"可视化"，认为只有实现了可视化，才能形成健全的危机感，才能形成"应该做点什么"的奋发图强的心态。张富士夫所希望的，是恢复竞争力并培养自强型员工。

渡边捷昭在接受《每日新闻》采访时也谈到，恢复丰田竞争力，培养自强型员工，这是降低成本的重要举措。渡边捷昭回忆说道："迄今为止，甚至在泡沫经济时期，经营状况一直比较稳固，没有高额不良债权危及经营的情况。但长远来看，公共业务将逐年递减，而民间需求的价格竞争激烈，无法获得预期利润。"

渡边捷昭举例说道："C 公司上下 1000 多名员工，今后该何去何从，实在令领导头疼。那么领导以外的部门经理和员工是否也有同样的危机感呢？实际远非如此，真是令人无奈。很多公司领导都说'我们公司的员工缺乏危机感'，究竟有多少员工确切知道公司面临的状况、竞争对手的状况和未来预测呢？充其量通过平时的工作感觉到，或者通过媒体信息了解到。任凭领导磨破嘴皮，大家也不会产生危机感。"

面对问题，渡边捷昭坦言："只有当公司状况摆在面前，清楚了解了周围状况才会形成。假如不明情况而有危机感，那只不过是一种'公司行不行'的担心，并非自强所需的健全的危机感。"

可视化是丰田降低成本的一种重要因素，渡边捷昭为此认为，由于 C 公司拥有悠久的历史，较为知名，不管是交易办法，还是员工的工作方法早已深入人心。

当然，也是在长期的习惯中培养起来的，最令渡边捷昭不解的是，C 公司的员工完全托付他人、托付现场的工作方法如何解决成本减半的问题。那是因为 C 公司的员工只需从政府部门和设计院承接业务订单，将整个现场外包给承包商，C 公司员工的工作任务就算完成了。在渡边捷昭看来，C 公司的员工不是自己在创造东西，而是以商社式代销为核心，而这正是他们所认为的工作。

要解决 C 公司面临的问题，只有缩短从开工到竣工的前置时间，才能成功地降低生产成本，才能恢复其竞争优势。为此，渡边捷昭认为，C 公司不能将施工方法和施工时间托付给他人。倘若完全托付他人，只是要求"再便宜一点""再将工期缩短一点"，这将可能导致合作单位在施工中偷工减料，也无法对自己的客户负责。

当然，C 公司需要改变自己托付他人的做法，最好由员工亲自管理、逐步实现可视化。由于 C 公司与第三方是长期合作关系，自然不可能一步到位地悉数改变，一旦过于激进，势必招致反对。为此，C 公司最好的办法，是采取和改变工厂生产线同样的办法，选择一个施工现场作为生产线样板，同时考虑到从开工着手费时过多，尽可能地选择从内部装修到竣工的这段时间，力争缩短工期。

在这个现场中，不仅是面向 C 公司员工的样板生产线，同时也是一个具有面向设计院和建筑商功能的展厅。

在以往的施工现场中，尤其是商品房和写字楼，由于工地四周筑起高高的围墙，外界自然无法看到施工作业和进度情况，且在施工过程中通常存在危险，其他企业员工根本不可能实际入内参观。

不过，有些工地是可以从围墙之间观察里面的情况的。要想使得其流程可视化，极佳的解决方案就是工厂展厅化。

当然，施工现场展厅化的难点在于现场的杂乱和噪音，尤其是噪音问题难以解决。考虑到扰民等问题，让施工现场保持相对的安静。一些企业另行设立了 LGS（轻型钢材）加工中心，在那里切割之后运到现场。

由于现场作业根本无法防止切割的噪音，这就需要确保存放大量 LGS 的空间，一旦改在加工中心存放和切割，那么作业现场就能保持相对安静，同时也不会占用多余的空间。管理者根据当天的施工进度，将加工后的 LGS 再运到作业现场，就可以直接开始作业了。

从这个角度来看，专门为了一个施工现场设立一个加工中心无疑会产生许多浪费，一旦将其扩展到数个现场，那么就能产生潜力巨大的效果。因此，将作业流程标准化，根据施工进度进行加工并准时送达现场。经过这样的软处理，其现场作业方法也将大为改观。

不仅如此，施工现场还存在有效对作业进行管理的问题。当建造一栋写字楼时，参与施工的单位通常都很多。

与这些企业合作，需要对各种施工加以管理本属于建筑公司员工的工作。事实上，由于 C 公司全部交由承包商和施工单位处理，C 公司的员工几乎完全不具备与施工相关的技术经验。这样的问题说明，拥有技术经验的是施工单位，C 公司的员工只是针对施工单位的工作优劣进行有效管理。这种有效管理，仅仅局限在工期和价格上。当质量交给施工单位后，成本无疑也仅限于"再便宜点"的交涉了。

基于此，C 公司的当务之急就是从机制上保证公司参与到各种施工中去。对此，渡边捷昭认为，C 公司的做法，离丰田式主张的变革相去甚远。C 公司只是贯彻落实了整理整顿。对于一个历史悠久的建筑企业而言，整理整顿的变革也并不是一件容易的事情。

02 / 产品编号就是为了更好地降低成本

为了更好地实施成本战略，丰田于是给生产流程的产品进行编号，大大地降低了成本。确实，随着全球经济一体化进程的加快和知识经济时代的到来，制造型企业正在面临前所未有的挑战。

究其原因，如果企业不进行生产效率改革，那么就会被淘汰；如果不全面降低成本，那么就会没有获利的空间；如果不做好基础管理（目视管理，防错法），那么就会失去竞争的"筹码"。

渡边捷昭指出，在 21 世纪的工厂管理中，生产效率改善是提升其竞争力的关键，因为生产效率往往是制约企业发展的瓶颈。如果生产效率不高，企业设备运行效率低，人浮于事，浪费现象随处可见，综合效率低，那么就应该进行一系列的变革。

例如，生产作业标准化改善、设备效率改善、各种浪费的消除和改善、物流改善、事务部门的效率改善等。

面对诸多问题，降低成本是企业急需解决的问题。一般的，经营者通过对企业成本管理的现状进行分析，发现企业成本管理的问题"黑洞"，然后再制定适合本企业成本改善的目标，制定出合理的成本改善对策，其后实施成本改善降低措施。

最后，经营者对实施后效果进行评估，对降低成本的效果进行标准化。这样的做法对企业降低成本改善有着十分重要的借鉴作用。

渡边捷昭指出，在日本，企业目视管理普及化，工作效率高，出错几率低，生产自动化程度高，综合效率高。

给生产流程的产品进行编号就是为了更好地监控生产现场的管理，渡边捷昭指出，托付他人、托付现场将无法降低成本。

在推动 C 公司降低成本管理中，经营者遭遇最为棘手的问题就是不同施工现场、单价不同的不同物件。

C 公司通常根据所接订单的金额，算出属于自己的利润后，将项目分别包给承包商。C公司的做法，往往在某个施工项目中令施工单位欲哭无泪，而在其他项目中略尝甜头。

基于此，经营者根本无法准确算出C公司的单位成本，只能局限于整个现场进行评估："这里赚钱了，那里很不乐观"。C公司整体是否赚钱了，只有等到最终盘点时才能知道。

由于作业方法不同，施工单位会按照自己的方法来做，而不是按照C公司的标准作业进行。这样的结果只能听任施工单位各行其是，C公司只要对结果满意就行了。

既然如此，那么"是否真的能够向建筑商提供质量保证呢"？答案是否定的。其实，不仅是质量，从成本来说，尽管能够对施工单位提供的报价"高低"有话语权，之前却没有做到对各种施工心中有数。

倘若某个现场比较赚钱，报价高一点也是合理的，但是一旦现场收支不容乐观，就只能让施工单位"想想办法"。这样的问题就使得降低成本的变革举步维艰，甚至毫无章法。因此，C公司只有明确了单位成本，制定了标准作业才有可能实现。

当生产某件产品时，C公司只有明确了单位成本，才能知道应该降低多少；当制定了标准作业，C公司才能考虑应该针对哪里作何种变革。

对于C公司，要想恢复C公司的竞争优势，解决的办法就是抛弃托付他人的做法。由 C 公司员工自行制定单位成本和标准作业并逐一加以变革。

C 公司需要在样板生产线的施工现场进行摸索尝试，尤其是让员工亲自实践，逐步地收回管理的控制权。

基于此，C 公司不仅需要设立加工中心，让员工知晓管理现场作业的各种做法，逐步改变以往托付对方采购材料的诸多做法。

当然，由于历史的原因，C 公司本身存在一些行业特有的商业习惯，一步到位的变革显然是不可能的。

在以往采购材料时，C 公司通常采取不同地区、不同办法，甚至有时不同现场、不同办法。在承接项目经费中，以多少价格下包给哪家公司，都是由 C 公司负责人定夺。

如今 C 公司为了降低成本，跳过中间的经销商，直接与厂家交易。为了让工期缩短时间，C 公司还让厂家改变交货办法。

在这个过程中，由于 C 公司员工直接参与采购每一件材料，原本由施工单位把关的质量问题，现在也由 C 公司的员工自己进行控制。为了控制质量，C 公司是员工需要亲自到现场和施工单位监督。

对于 C 公司的员工来说，以往的所作所为无法称其为工作，充其量只是作指示下命令，只要结果满意就行。然而，当 C 公司的员工直接到现场后，一切都开始变化了。

在这个案例中，如果 C 公司的员工按照原材料进行编号，那么可能对质量控制更有效。因此，给产品编号，一方面整合了生产流程的成本变革，另一方面还可以为丰田的成本减半战略的成功执行助力，从而更加有利于丰田的成本降低。

渡边捷昭指出，产品编号是为了更好地履行成本减半战略，丰田式管理中，不管是汽车还是其他产品，一个螺母、一根螺丝都会编上丰田特有的编号。由于这些零件可能永久地保存，在生产过程中或者交付顾客后，一旦产品出现故障时，编号的零件就能很快地找到。因此，在丰田大规模管理中，其高效率都是建立在这种细小的产品编号管理的基础之上。

反观 C 公司，其不仅没有这种独立的产品编号，在下单时还是借用施工单位的产品目录中的编号，竣工后，其材料也由施工单位保管。

在如今，越来越多的普通住宅楼都承诺 10 年，或者 10 年以上期限的质量保证，一旦交割后出现问题，C 公司这种托付对方的方式就不可能善加处理。

在日本媒体上，经常报道住宅楼存在缺陷的新闻，如单户型住宅或商品房入住 1—2 年之后墙体出现裂缝、发霉、渗水等问题。

之所以出现这样的问题，是因为问题就出在施工方法上。这样的问题其实应该是销售方、承建方的责任，却归咎于实际施工单位。一旦实施产品编号，即使小到一个螺母，一根螺丝，也要负责，并由此制定标准，就可以对材料质量负责，对生产方法负责。

03／过程周期缩短，成本才能降低

在降低成本的攻坚战中，一旦"过程周期缩短"了，其成本无疑就降低了。这是丰田生产体系最核心的 JIT（准时生产）。

所谓"准时生产"，是指"在必要的时候、以必要的量、生产必要的产品"。顾名思义，就是准时采购材料零件，准时生产，准时交货。

在这里，需要说明的是，绝对意义上的"准时生产"是不能做到的，但是"准时生产"的战略目标，是任何一个制造企业不可或缺的。

在丰田生产体系中，始终在强调准时生产，此举带动了全球制造业企业的管理革新，企业经营机制从"以资源运转为中心"向"以物流速度为中心"进行切换，向基于"需求前置"的现金流经营转换，有效地提升了企业运行的"有效运转率"（又称"可动率"）。

所谓"可动率"是指全过程周期时间与有效价值创造周期时间的比值。大量事实证明，对于任何企业，不论生产产品，还是提供服务，在流程中真正创造价值的时间通常很少，很多企业的"可动率"比值高达 5000 以上。这样的数据说明，尽管企业一片繁忙，但是真正创造价值的时间只有 1/5000，其他全是浪费。

在日常的必要和必需的工作中，按照丰田生产体系的标准，但凡不产生价值都是浪费，比如，搬运是浪费、机器的空转是浪费、停工维修是浪费……

在很多企业中，贷款购买了一台好设备，虽然设备性能很好，但是却有一半发挥不了应有的作用，这也是浪费；或者让该设备饱和运转，但是与其他流程环节步调跟不上，其照样是浪费。

在流程管理中，企业的浪费无处不在。从这个角度来说，企业还有巨大的经营资源和能力可以开发。在最理想状态下，"可动率"的比值为 1，即企业活动的每分钟都创造价值。

尽管这是任何一个企业做不到的，但是无限逼近这个目标，却是任何企业都需要的。目前丰田汽车的"可动率"已经达到了2000，这是一个大倍率由管理创造价值的过程。正因为如此，丰田生产体系才备受推崇。

渡边捷昭指出，正是因为丰田生产体系，缩短了丰田的过程周期，提高了丰田竞争力的整体效率。比如，当丰田对工作方法和采购材料的做法进行整顿后，仅靠局部的变革，丰田就获得了不小的业绩，最明显的就是工期缩短了。

丰田从新产品的设计到投放市场，原定时间是 180 天。由于过程周期缩短，新产品的成本大大降低了。在生产活动中，由于缩短前置时间，其降低成本的效果非常显著，尤其在汽车行业，一旦工期长，相应地需要人员，也因此相应地增加成本。

虽然增加了成本，其工期进展依然缓慢。究其原因，下包时，即使确定了生产时间和预算后下包给各生产单位，由于某处生产完成后开始下一处生产时，一旦某处生产由于涨价或者其他原因延误，这样的问题就会传递到流程上，直接影响到后面的生产。

的确，从丰田式改善水平来分析，这仅仅只是改善的第一阶段，就缩短了如此多的工期，并降低了成本，其意义十分重大。当然，倘若那些最初心存疑虑的部门经理和员工看到生产线样板的做法，尤其是看到这样显著的效果，他们无疑就会积极地认可，也会了解下一步到底应该怎么做。

有的管理者由此提出，"应该从前期工序开始改善"，但是由于汽车的改善有着自身的特点，有时候只能靠点滴积累才能完成。因此，丰田的过程周期缩短，凭借的就是从生产线样板获得的数据和经验——制定加工费、组装费、搬运费等的成本标准，制定施工方法的标准作业。

04／如果制定成本减半的目标，势必要从根本上重新谋划

对于任何一个企业经营者来说，都期望通过降低工厂成本的方式来满足客户需求，以适应当今激烈竞争的微利时代。

在丰田公司，同等投资、同等规模、相近设备，其生产效率要比同类企业高 30%—50%，利润要高 100% 以上，为什么？

答案是丰田公司通过持续不断推动全员参与的改善活动控制和降低成本。在生产制造部门，时刻在考虑如何减少成本、如何提高生产效率，这也成为衡量企业是否具有竞争优势的重要标准之一。

当然，如果制定成本减半的目标，但不考虑外部环境，那么仅仅以杜绝浪费为中心将无法赶上市场变化。为此，渡边捷昭指出："进行交易时，对方会要求将进货价格调低 20%、30%。当然即使对方不提要求，想要在竞争中立于不败，也势必要努力降低成本。这时，大呼糟糕也是无济于事，我认为必须要将成本减半，确保所剩 30%、20% 利润的范围。竞争中以微弱的优势取胜是不够的，如果做不到遥遥领先，对手就不会惮于跟我们较量。"

为此，丰田公司不仅找出浪费的地方就加以改善，力争降低成本，同时还明确制定"成本减半"的目标，并努力加以实现。

在找出浪费时，即刻加以改善，将浪费的问题逐个解决，这是

丰田式变革的根本。日常变革、日常实践能够使得成本逐渐降低，但是这样的做法无疑是一场持久战。

达尔文的进化论适用于随环境变化缓慢进化的情况，一旦遭遇火山喷发式的剧烈环境变化，那剧烈的进化将是达尔文进化论无法解释的。

当然，渡边捷昭不是说丰田式改善等同于达尔文的进化论。在当今这个瞬息万变的时代，仅仅以杜绝浪费为中心的降低成本，无疑就会赶不上时代的变化，因此还必须通过创新来大幅降低成本。

渡边捷昭认为，倘若杜绝浪费是逐个找出问题并加以解决的话，那么丰田需要的改善方法将是更高层次的。在渡边捷昭看来，拥有更高目标，并将攻克实现目标所面临的课题，才是有效解决降低成本的可行方法，这样不仅省心，而且还能更好地推进。

京瓷的稻盛和夫曾介绍过关于松下幸之助的一段逸闻，是关于松下电器产业绞尽脑汁降低灯泡和荧光灯成本的故事。

松下对正在为如何推动合理化、使成本降低 3 成而头疼的员工说："你不妨考虑如何将成本减少一半。你可能在为了降低 3 成而精打细算，但如果减少一半，就必须从根本上重新考虑了，多省心。"

说完，松下幸之助就笑眯眯地走了。

可能有读者认为，这个故事是大规模生产时期的故事，已经不适用于当下"互联网+"时代了。诚然，任何一个变革都需要与时俱进，但是在降低成本时，正如松下幸之助和渡边捷昭所言，制定成本减半这种无法一蹴而就的目标，也即从头再来，成功的可能性反而更高。当然，从做法来看，松下电器正在进行的变革与丰田式变革的思路是相通的。

从这个角度来分析，想要降低成本，首先需要制定"一切减半"的降低成本的目标。然后像丰田公司那样，力争把所有经费项目减半。以此来明确相应的战略，逐一反复加以变革。这样的方法虽然繁杂，但是却终将实现成本减半。

当经营者通过以上诸多的努力探索，不管是交易方压价的要求，还是竞争对手的降价都不会打乱自家经营的阵脚。即使降低了2成、3成，还分别有3成和2成的利润留在手中。在这里，我们以2005年来说明问题。

2005年11月，丰田对外发布了其2005年上半年的联合财务报表。根据财报显示，2005年与前两年的曲线惊人地一致——销量与销售额平稳增长，纯利润与利润率却平稳下降。

财报显示，丰田在2001—2005这5年中，其单车价格基本保持在250万—259万日元间，其波动不大，但是以纯利润比销量而计算出的单车利润在2001财年—2005上半财年走出了10.6万日元、15.1万日元、17.3万日元、15.8万日元、14.8万日元的抛物线。

既然单车价格基本稳定，那么其单车利润的下降，这说明了丰田成本增加了。一向以成本控制见长的丰田，在哪些环节上增加了成本？又为什么要增加这些成本呢？

第一，研发投资显著增加。为了更好地降低成本，提供竞争优势，丰田进行了大量的研发投入。在 2004 财年的报表上，丰田标明其研发成本增加的数字为 1849 亿日元（约合人民币 128 亿元）。

第二，广告费用的增加。雷克萨斯 2006 年在华广告推广的投入达到 2 亿元人民币，在日本和欧洲，雷克萨斯同样将花很多钱来建立它的网络与品牌。

在混合动力车的研发上，必须投入其巨额的费用。为了拿下欧洲市场的制高点，丰田毅然赞助 F1 赛车比赛，每年在 F1 中的投资就超过 3 亿欧元。丰田投入的费用是十支车队中最多的，虽然成绩提高得不快，但是丰田义无反顾地赞助 F1 比赛。

丰田之所以大手笔投入，是因为丰田利用 F1 提升其品牌。究其原因，让消费者忘掉丰田"简单而可靠，性价比高但技术含量低"的品牌印象并不是一件容易的事情。

丰田经营者们十分清楚，只有提升丰田的品牌价值，才能明正言顺地坐上汽车业霸主的位置。在利润上丰田早已拥有其他汽车公司无法超越的地位；在销量上，只要它愿意放弃一些利润，随时可以超过赔钱卖车的通用；但是在技术上，却永远无法与那些欧洲企

业相提并论；在品牌和文化上，也无法与福特、通用争锋。这无疑
大大地折损了丰田品牌自身的附加值。

渡边捷昭指出，如果制定成本减半的目标，势必要从根本上重
新考虑，因为要开展解决课题型的整体变革，势必会影响丰田的成
本变革战略。丰田公司采取的做法就是解决课题型变革，丰田公司
归纳出多达 83 个实现成本减半所面临的课题。

例如，"工序内次品、停工时间、故障时间力争为零；使用廉
价材料；空间使用效率力争翻番"，绝大部分生产相关的其他项目
力争"减半"。

从上述的清单可以看出，丰田力争实现成本减半。当然，经费
项目种类繁多。原料费之外，还有采购零件费、领取零件费、外购
加工费、能源费、物流费等可变经费，以及固定劳务费、折旧费、
修理费等固定费用。

对于各种经费项目中的劳务费问题，丰田公司进一步详细规定
力争做到直接工时的操作时间减半，停工时间为零，行走时间和短
时间停工次数减半；换产调整工时的换产调整时间减半。例如，缩
短工序的课题是 ×× 和 ××，缩短换产调整时间的课题是 ××
和 ××，并明确责任部门。

在这个流程中，丰田为了实现成本减半的战略目标，不是通过
压低进货价格、裁减人员来显示，而是针对与生产活动相关的所有

经费项目，绞尽脑汁使其分别实现成本减半，以此来整体实现成本减半。

05 / 如果变更内容并非都具有整合性，就不会有结果

对于任何一个企业来说，全方位降低成本，争取最大化的利润，是企业经营非常关注的大事，在目前微利时代更是如此。

作为经营者，全方位地降低成本，就需要运用正确的策略和方法，倡导全体员工全面贯彻落实。在这个过程中，降低 50% 的成本。例如，1 亿日元成本降低到 5000 万日元，同时创造几乎等额的利润，并非易事。

面对这个难题，渡边捷昭指出，如果变更丰田的成本内容并非都具有整合性，就不会出结果。为此，丰田需要考虑全新降低成本策略。

2005 年 6 月，渡边捷昭表示，丰田公司考虑采用新的节流策略，将从根本上大幅变更汽车零件的设计，以应对原材料预计价格大幅上涨。

渡边捷昭的提议得到丰田专务董事木下光男的赞同，他说道："从根本上来说吧，如果我们能发展出不需要螺栓的零件呢？这就

是我们在追求的概念。根据先前的策略，我们所能做的已经差不多到达极限。而下一个策略，我们将采取全新的路线，要求我们的工程师（与供应商）回归到汽车研发的基本面。"

由于降低成本是一个系统工程，如果仅仅变革一些降低成本的思路，不具有全局性，自然就不会得到多少效果的。例如，仅仅是更换一种材料，成本未必就会如愿地降低，还需要对生产方法和物流等方面全面调整。如果是餐饮行业，甚至可能需要调整店内的作业手册和厨房的烹饪方法。为了满足顾客多种多样的需求，某酒馆不断地增加新菜肴。然而，却发现这样的调整导致厨房混乱，厨房总是优先地制作容易做的菜，有些菜甚至需要等数十分钟。

其实，这个例子和制造商的情况十分相似，相当于最后组装的厨房想要高效运作，材料的准备和整理整顿都是必不可少的。倘若不作全面变革，使得厨师没有浪费、顺畅地开展各项工作，这样的问题是很难轻易地解决的。

不管是增加菜肴也好，降价也好，需要一个可行性的方案，绝不能纸上谈兵。一旦不对所有的一切加以调整，仅仅是更改一部分内容，然而这部分内容又并非全部具有整合性，自然就很难达到预期的效果了。这时，如果不明确区分可以改变的东西和不可以改变的东西，变革就会无可救药地变成改恶。忽略了顾客的变革不是丰田生产方式的变革。

为此，丰田汽车在 2005 财年结算发布会上表示，2006 财年丰田致力于通过整合 ECU（电子控制单元）来降低成本。丰田公司将成本削减措施称为"价值革新"。

"价值革新"指的是按照每一系统而不是每一功能进行开发的体制。丰田采取的是针对每一功能开发和配置车载 ECU 的做法，而如果按照动力传动控制、车身控制、安全控制及多媒体 4 类功能群来进行开发，会有助于成本的削减。

实际上，丰田此前一直在对 ECU 进行整合，尤其是 2006 年秋季上市的"雷克萨斯 LS"，已将 ECU 的整合范围扩大到了不同部件厂商之间，其成本削减措施的效果已经体现在 2007 财年以后的利润上了。

当然，全局性的变革，也必须有针对性，渡边捷昭举例说，在很多高管看来，让产品"降价"是一件非常容易的事情，通常是计算出其成本，然后用计算机进行数字模拟就可以了。

渡边捷昭却不这么认为，实际的产品降价并不是说的那么容易。理由是，原料的成本自不待言，员工的观念革新、生产线改革、物流调整等，所有的一切都需要因此进行改变。一旦改变后，某个环节出现不适应的问题，或者某个部门的效率降低也都需要反省。

当作出降低价格的决策时，有时意味着全盘调整整个公司的生产和管理体系，一旦疏忽这一点，只是先行降价，可能就会出现亏损，这样的策略是不可能长久的。

比如，某食品制造商曾试图在 30 天内将本公司的热销商品的成本降低 20% 以上。由于该制造商长期以丰田生产方式为基础进行生产活动，不断地致力于杜绝浪费型的降低成本，在这项变革中，仅靠杜绝浪费的办法，虽然有十二分的努力，该制造商最多也只能降低 5% 左右的成本。

于是，此次在杜绝浪费的基础上，重新进行了全面部署。由于降低食品本身的特殊性，其降低成本的办法无疑有着不同于其他商品的难度，一旦质量、味道、口感等变差后，那么这样的变革就意味着失败。

在食品和餐饮行业中，许多企业之所以失去了最重要的、忠诚度较高的顾客，是因为过度追求低成本。有些企业为了减少占成本很大比例的材料费，就牺牲质量、味道、口感，转而寻找更廉价的食材。

作为顾客最为直观，当食用时，就会发现"最近味道变差了"。当顾客主动说出，经营者尚且能知道，但是绝大多数顾客是不会说的，他们最简单的办法就是："不买了，不去了。"等到经营者发现时，销售额急剧下滑，顾客们也望而止步。

这就是为什么降低成本难的原因。在通货紧缩时期，顾客会追求廉价的商品，但是绝不允许产品质量下降。因此，调整成本时，必须清楚地了解哪些可以变，哪些不可以变。当然，丰田在成本减半战略的过程中，不仅控制成本的降低，而且还对质量有要求，如果质量目标不明确，成本变革就会偏向价格主导。渡边捷昭指出，丰田在降低成本时提出了 2 个目标：一个是将成本降低多少的"价格目标"；另一个是"质量目标"。

为此，丰田还会分析比较其他公司的产品，并找出丰田公司产品受欢迎的原因，由此明确"不可以改变的地方"和"应该改变的地方"。

例如，形状和外观是可以改变的，但是原来的设计风格不变，甚至加以提高，借此对质量目标重新加以确认。

一旦质量目标不明确，变革就可能会偏向价格主导。哪怕是为了便宜 10000 日元（约为 582.75 元人民币）的材料，导致产品质量明显下滑，那么就会失去重要顾客的支持。因此，"便宜就好，质量差也罢"，"只要便宜就行"的经营办法是很难行得通的。

当明确了两大目标后，丰田员工就反复进行试验，反复进行各种研究。开始探索产品的质量如何，成本又如何。倘若有商品与之竞争，那么丰田公司产品在哪些方面会占上风。

在试行阶段，可能会遭遇多次失败。一旦缺少失败后继续积极面对挑战的勇气和氛围，那么就可能因此妥协。

第 7 章 | 将日常开销显现到损益表中

只有在丰田公司范围内建立起层次少、效率高的财务管理体制，才能使丰田公司的各种财务成本变动得到及时汇总，反馈到公司最高决策层。

——丰田前社长　渡边捷昭

01／账目不清对实施成本减半战略没有任何成效

对世界 500 强公司的资产负债表分析得出，合理的财务管理体系是降低成本的重要举措，账目不清、糊涂账、滞后的数字将使经营举步维艰。

比如，安然公司走向破产，虽有其虚假财务行为的原因，但更重要的是，安然公司财务治理的内部和外部机制出现了严重的问题。公司董事长兼财务执行官肯·莱通过巨额资助竞选，与政府要员关系密切；公司董事会内部利益关系复杂，公司与董事之间利益交织。在中国企业中，也存在经营者账目不清导致企业失败的案例。

在 20 世纪 90 年代末至 21 世纪初，陈川东可谓是重庆餐饮界一个"教父式"的人物。当很多创业者带着悲喜交加的思绪再次提到陈川东首次完美将川粤两大菜系结合的创举时，再次提到曾经让百事可乐都"心生妒忌"的陈川粤系列饮料时，再次提到陈川东那一度风光无限的陈川粤大酒楼时，都会情不自禁地感慨万千。而今，陈川粤大酒楼这艘"美食航母"已经坠入深海；早已销声匿迹的"火锅爽"系列饮料与中国大陆火锅热形成非常鲜明的对比；而陈川东本人已不再是重庆餐饮商会会长、重庆市火锅协会副会长、渝中区餐饮协会会长……

可以说陈川东是中国改革开放中一个出色的企业家，尽管陈川东以失败的方式出现在本书的案例中，但是陈川东敢想敢干、勇于创新的企业家精神还是能激发中国家族企业诸多创始人的实干热情。

1992 年春天，原为政府官员的陈川东在下海的大潮中创业了，由于没有启动资金，陈川东向亲戚和朋友借了 5000 元现金，担任了广州"小洞天"川菜酒楼的经理。

然而，让陈川东没有想到的是，"小洞天"川菜酒楼开门营业还不到一个月，就食客盈门，开了一个好头。

当然，"小洞天"川菜酒楼要想在广州经营下去，面临的困难依然很大。在广州，粤菜菜品用料高档、做工考究。当食客有着这样的偏好时，无疑极大冲击着"小洞天"的经营。为摆脱困境，陈川东就大胆尝试在自己的川菜馆中配用粤菜的原料，这样不仅仅提高了"小洞天"川菜酒楼菜品的档次，更重要的是还融合了广东传统饮食的口味。

陈川东经过一段时间的探索后将川菜、粤菜的优势结合在一起，在餐饮界形成了自己独特的风格，为中国餐饮业创造了一个川粤合璧的新派菜系。

随着陈川东办酒店的经验越来越成熟，名气越来越大。1993 年，陈川东在广州创立了川粤大酒楼，推出一系列川料粤吃、粤料川做的新派川菜。1993 年冬天，广州川粤大酒楼经众多美食家评选，荣获广东名店美食金奖。

1994 年，陈川东受重庆市各级领导盛情邀请，落户重庆银河宾馆，创办重庆川粤大酒楼。重庆川粤大酒楼营业面积1200 多平方米，开业后，一直火爆，被新闻媒体看成是"川粤现象"。

1996 年，陈川东乘胜前进，又投资 2000 多万元，在位于北京市西二环阜成门附近四川大厦开办北京陈川粤大酒楼。成为当时北京著名的高档饮食场所之一，其生意异常火爆。

经过十余年商海征战，陈川东不仅拥有北京一家陈川粤大酒楼，而且在广东、四川、重庆等地也有陈川粤大酒楼，甚至还把陈川粤大酒楼开到大洋彼岸的美国。首创"川粤合璧，金牌美食"的陈川东，以其敏锐的洞察力分析餐饮业的发展趋势。

从此，川粤饮食集团改名陈川粤集团。

在陈川东的企业中，不仅经营着像陈川粤大酒楼的餐饮，而且还经营饮料业。当时，陈川粤经营的饮料曾经畅销西南市场，连饮料业巨头可口可乐和百事可乐都不敢小视。

此时，陈川粤大酒楼终于成为中国餐饮行业的一匹黑马，不仅受到消费者的青睐，更引起了众多投资者的关注。当然，这其中就包括重庆群鹰商场的管理者——重庆夫子池物业公司。

重庆夫子池物业公司寻求与陈川东的合作，主要是因为若干位雄心勃勃的投资者在群鹰商场巨资经营保龄球馆、百货、酒楼、皮具商场等都以失败告终。其实，群鹰商场的地理位置位于重庆商业中心——解放碑步行街的西街口，可以说是一个寸土寸金的黄金位置。

为了改变过去屡战屡败的局面，夫子池物业公司想凭借与陈川东的合作，打造一艘商业"航母"。在与陈川东的合作中，夫子池物业公司以 1.59 亿元的价钱将群鹰商场 10 年产权转让给陈川东。

而此时的陈川东也希望借助群鹰商场这样一个大型美食大厦来成就陈氏餐饮帝国的旗舰店。于是，陈川东答应了夫子池物业公司提出的条件。在剔除合同中一些其他因素外，陈川东实际支付给夫子池物业公司的房租款为 1.3 亿元。

陈川东之所以答应夫子池物业公司的条件，是因为：

第一，在 1999 年，该大厦的评估市值为 2.26 亿元；如果把陈川粤美食大厦全部装修后，该大厦的评估值绝对不会少于 2.5 亿元。所以，陈川东认为，按最保守计算，大厦仅地产部分 10 年增值就至少可达 1 亿元以上。

第二，根据陈川东自己实战多年的商业经验认为，只要陈川粤美食大厦正常营业，即使每年陈川粤美食大厦亏损两三百万元，而陈川东自己在 10 年中仍然可以从该大厦中赢利数千万元，在陈川东的算盘中，承租群鹰大厦绝对是一个只赚不赔的项目。

第三，陈川东承租群鹰大厦的目的，就是凭借陈川粤美食大厦提高其在全国餐饮界中的地位，依托以重庆为中心，为陈川粤在全国各地拓展连锁店打下坚实的基础。

第四，从陈川粤的财务状况上看，虽然有 10 年支付给群鹰大厦的承租款 1.59 亿元的付款计划，而陈川东每年只需要支付给群鹰大厦 1000 余万元就可以了，这样的发展战略相对还是较为稳健的。而部分银行家工作人员听到陈川东购买群鹰大厦 10 年的产权后，表示可以先期贷给陈川东 2000 万元；而租赁设备的合作者也表示，只要陈川粤美食大厦正常营业，愿意以 500 万元把设备租赁给陈川东。在这样的情况下,陈川东更是信心百倍。

然而,意想不到的情况还是发生了。

第一,当装修队进驻群鹰商场的同时,陈川东就已经着手将招聘的 300 余名员工进行岗位培训,按照陈川东的部署,一旦陈川粤美食大厦装修完毕就可以立即开业。但是,让陈川东没有想到的是,陈川粤美食大厦不只是一个简单的装修问题,仅消防管网的改造就花费了 400 余万元,而这 400 余万元额外的支出完全是先前预算之外的。

第二,一旦装修不能按时完成,无疑影响了陈川粤美食大厦的按时开业时间,仅每月员工工资就有数十万元。而增加的员工工资同样也是先前预算之外的。

第三,当陈川东正式接手群鹰大厦后,群鹰大厦隐藏的其他问题也就显现出来。原群鹰商场最后一位投资者在经营商场期间,拖欠了供货商大量货款。当陈川东承租了群鹰大厦商场,供货商便找陈川东索要货款。当陈川东拒绝了供货商的要求后,有些供货商就向法院提起诉讼,要求群鹰商场支付货款,而法院依法查封群鹰商场。当法院启封群鹰商场时,已经过去了几个月,陈川东又不得不增加一笔额外的支出。

第四,先前承诺贷款 2000 万元给陈川东的银行工作人员也改口了。同时，答应以 500 万把设备租赁给陈川东的合作者表示自己已经转行，没法提供设备了。

而此刻的陈川东已是进退两难，不得不大量挪用各地陈川粤大酒楼和陈川粤饮料厂的利润来填补陈川粤美食大厦的窟窿，陈川东大量抽资就使得各地陈川粤酒楼和饮料厂的流动资金链几乎断裂，这就严重影响了各地陈川粤酒楼和饮料厂的正常经营和生产。

陈川东这样拆了东墙补西墙的做法使得陈川粤集团陷入了一个非常可怕的恶性循环。

这大大超出了陈川东当初的设想。按照陈川东当初的规划，他要把群鹰商场地下一层改为一个星级的大型停车场；把群鹰商场的第一层改为百货超市；把群鹰商场的第二层改为小吃城；把群鹰商场的第三层改为快餐厅；把群鹰商场的第四层改为大酒楼。

在非常艰难的情况下，陈川东费了九牛二虎之力才装修好，群鹰商场的第一、二层——百货超市、中华名小吃正式开业。

尽管群鹰商场百货超市已经开业，但是与群鹰商场一街之隔的重庆百货和新世纪把群鹰商场当作自己最大的竞争对手，于是警告供货商，谁要是向陈川粤供货，就将其从重庆百货和新世纪的商场中清理出场。

面对重庆百货和新世纪两个重庆商业巨头的警告，供货商只好服从。这就让陈川粤百货超市沦落到了无货可卖的境地。

在这样的情况下，陈川东不得不从重庆百货和新世纪采购。为了招揽顾客，陈川粤百货超市又采用比重庆百货和新世纪更低的价格促销。

而重庆百货和新世纪也在陈川粤百货超市开业促销的时候降价促销，而且降幅比陈川粤百货超市更大。仅仅过了两个月，陈川粤百货超市就挺不住了。被迫将陈川粤百货超市出让给新世纪。尽管第二层的中华名小吃已经营业，但是由于第三层正在装修，噪声、灰尘整日不断，许多顾客往往是乘兴而来，败兴而归，第二层的中华名小吃开始变得惨淡了。

面对这样的局面，陈川东不得不加快第三、第四层的装修进度。当然这样就必须抽调更多的资金。

陈川东为了给即将开业的美食大厦制造更多的商业气氛，还在报纸、电视上做了大量的广告，光广告费就花了100多万元。

让陈川东感到胜利在望的是，他只需200万元第三、第四层的装修就可以全部完工了。然而，就是这最后的200万元，却卡住了陈川东的脖子。陈川东四处融资，几次上当受骗。当美食大厦让陈川粤陷入困境时，曾经风光无限的饮料也受其影响而悲壮地倒下了。

根据媒体报道，在 2002 年 11 月时，首先倒闭的是陈川东经营的陈川粤饮料厂，当饮料厂倒闭时，几乎没给陈川东留下任何有用的资产，甚至还拖欠了工人几十万元的工资。

2003 年 3 月，由于拖欠供货商的货款，众多供货商愤怒地将陈川东告上法庭，在供货商不满的声讨声中，法院查封了陈川粤美食大厦。

由于缺乏后续资金支持，陈川东所经营的、分布在全国各地的大酒楼也因财务危机而相继倒闭。陈川东由于欠下了巨额的债务，甚至连女儿上学的学费都付不起了。

陈川东的创业失败是一个值得反思的案例。纵观陈川东企业的扩张中，由于陈川东不懂财务，使得某些隐形的危机被发展所掩盖，一旦潜在的危机爆发，就使得陈川东经营的产业犹如多米诺骨牌一样一个个地倒下了。

在陈川东看来，自己抓了一手好牌，然而由于不懂财务，竟然使得手中的好牌却变成了一堆废铁，将陈川东砸得头破血流，最后由于财务危机戛然而止。

当陈川东经营的企业倒下后，有研究者就直言，即使不出现案例中的诸多问题，陈川东与群鹰商场签约长达 10 年，每年 1000 多万的租赁费用（陈川东与夫子池物业公司签订的是以租代售的合同），这也为日后的危机埋下祸根。

在该研究者看来，陈川东经营的百货超市遭到重庆百货、新世纪的打压实在是正常不过的竞争行为。更为重要的是，在风云变幻、一日三惊的中国餐饮行业，陈川东要想能够保证陈川粤的长盛不衰，在长达 10 余年的时间内都持续赢利，这个问题谁也不敢拍胸脯说可以，就连陈川东自己也同样不敢打保票。

当我们分析本案例时，我们陡然发现，陈川粤的倒闭尽管看起来在意料之外，其实却在情理之中。出现这样问题的根源在于陈川东财务上的冒进，由于无法进行有效监控，使得投入大大超过预期。

倘若陈川粤大酒楼有完善的在位监控制度，就不会出现"最后不得不拆了东墙补西墙，造成陈川粤疮痍满身，后继乏力，最后油尽灯枯，仆地而亡"这样的问题了，因为完善的在位监控制度不仅能避免上述问题的出现，而且还能预防企业重大危机的发生。

正因为如此，渡边捷昭指出，财务不是为了结算，而是为了经营，因为丰田想要实现"成本减半"战略，拥有强大的成本竞争力，关键在于尽快了解直接关系到经营的数字。倘若管理者不想托付他人，而是通过自己思考、判断来管理公司，就必须使为此所必需的财务资料有助于经营，以便于自己理解。

在渡边捷昭看来，为了更好地推动成本减半战略，丰田始终坚持"以人为本"的财务管理思维，激发和调动全体员工的工作激情，尤其是各级管理人员控制成本的积极性，科学地建立了责、权、利相结合的财务成本管理约束和激励机制，将行政手段的应用减少到最低程度。

渡边捷昭认为："只有在丰田公司范围内建立起层次少、效率高的财务管理体制，才能使丰田公司的各种财务成本变动能够及时汇总，反馈到公司最高决策层。"

在渡边捷昭看来，丰田公司以成本质量为中心的企业管理战略，提升丰田集团公司的综合管理水平，就必须加强财务管理，建立科学的成本指标、核算、控制及考核体系。

在此基础上，分解落实成本指标，顺利实现成本减半战略方面，一般的财务常识和丰田生产方式的常识稍有出入。

例如：

关于如何评估库存。假设某零件共有 1000 件库存，每件 200 日元（约 11.65 元人民币），一般会以 20 万日元（约 11654.33 元人民币）的库存入账。

在库存中，一旦这些零件已经不再使用，或者根本无法售出，那么这 20 万日元的库存的实际价值就为零，但是却依然作为库存保留在账上。

一般的，库存是计入资产的。面对这些长期无望售出也无望使用的库存，只是堆放在仓库中，毫无市场价值的零件却被当作资产，这样的做法只是表面上创造了利润，实际上却在增加成本。因此，只有将这些不良库存处理掉，并从账上删除，才是正确的做法。

例如关于财务常识的问题。与"库存是资产"针锋相对的，作为丰田生产方式，一直认为"库存是浪费"。究其原因，将销售不动的产品当作销售得动的产品加以生产，这本身就是一种错误的做法，且力争做到产品 100% 合格，也就无须保留多余的库存。

那些认为"库存是资产"的人，通常很难理解"丰田生产方式"的这种思维。当经营者放眼市场，就知道丰田生产方式的思维是正确的。

关于多余库存的问题，一些经营者往往会认为"成批购买便宜"。然而，按照丰田生产方式，丰田经营者反对这种超量购买的做法。

在丰田经营者看来，只在必要时购买必需产品，从表面来看，当时的价格可能贵了，然而这样却没有多余，无需仓库、库存管理、库存利息。从长远来看，丰田生产方式的做法无疑是在降低生产成本。

丰田生产方式这样的一种非常规思路，其实给经营者节约了不少成本。因此，那些自诩"自己不懂财务"而托付他人的管理者，其实是不称职的体现。作为管理者，需要优先考虑自己作为管理者想要知道什么。如果从市场常理来看财务存在可疑之处，就跟着市场走。如此一来，对数字也会产生兴趣，关注日常数字变化也将是一种乐趣。

丰田公司一直在通过强化财务管理来降低成本。反观很多企业，由于财务管理薄弱，其成本总是居高不下，有些产品甚至缺乏与其他产品直接竞争的能力，往往陷入亏损的困境。

当然，这其中有可能与对困境现状的成因缺乏科学的分析有关，由于自身的认识存在误区，很大程度也制约了企业管理的进步和成本的降低。

由于管理者管理能力薄弱，看不到内部管理不善的问题，有时过分强调客观原因，导致问题无法解决，最终失去机遇。

为此，科学的财务管理体系是降低成本的重要举措，如果账目不清，或者糊涂账、滞后的数字将使经营举步维艰，这对实施成本减半战略没有任何成效。在丰田，部分主管们会说，"我们做的是亏本的买卖"。然而，丰田真的亏本了，买卖是做不下去的。渡边捷昭对此非常重视，丰田是不会做亏本买卖的，即使某件商品亏本了，只要在整体上能赚钱就行。低价促销目的就是为了招徕新顾客，或者优先考虑扩大份额而非盈利。只要一时的亏本能为今后带来高额利润，亏本的买卖也乐意去做。

如果之前，财务部门把一切都预算好了，这种做法当然无可厚非，但有些公司喜欢乱来，商品成本是多少，库存有多少，最终是否赚钱了根本一无所知，收支状况也只有等到结算的时候才能知道。结算发现"啊，居然赢利了"，于是心中一块石头落地。

分析《财富》500强企业后发现，管理者所应具备的是决断的速度。迅速的判断能挽救企业于危机中，决断太迟则会引发严重事态。管理者的决断需要信息的传递速度和准确度作保证。如果事关经营的数字是一笔糊涂账，或者收支报表滞后，就无法作出准确而快速的判断。如果收支报表也迟迟不露面，那将会给企业带来致命的伤害。

一般的，科学的预算体系必须做到最短每月计算一次。然而有些企业半年甚至一年才计算一次。有的企业往往是5月份时才拿到3月份的财务报表。这就意味着本来可以有所作为的4月份，却因此而错过。

为此，渡边捷昭告诫丰田人说道："面对迟来的报表，可能不清楚到底挣了，还是亏了的问题。倘若挣了，为什么挣了？这些情况在缺乏财务数据的情况下是很难了解清楚的。即使了解了每件商品、每个工厂、每家分店的数字，由于报表姗姗来迟，管理者很难准确掌握情况并迅速处理。"因此，渡边捷昭认为，丰田必须将日常开销反映到损益表中，这样才能体现丰田成本核算和管理。

丰田与通用汽车的差额反映在损益表中的做法就是用数字反映问题，并用数字把握日常变革的一种努力，这种努力对于"尽快知晓需要的数字"是必须的，当然它并不属于财务常识。

例如，某钟表制造商进行重建时，由于负责人不了解钟表的制造成本，在经营过程中，不管负责人如何强调"降低价格，恢复竞争力"，由于不了解制造成本，负责人就无从开始变革。

于是，该负责人直接与领导层交涉，通过改变工厂格局后，成功地了解了制造成本。此后，该负责人的变革工作一帆风顺。

这个案例给中国企业家的启示是：改变格局只为了解成本，这其实不属于该公司的常识。但是，想要有效地推动变革，就应该熟悉单位成本和每条生产线的详细数据，而且最好能够形成体系，用数字反映日常变革的结果。

在此过程中，尽管经营者会有不少与财务常识相抵触的情况发生，但是了解财务，是科学合理地作出决策的依据。有人曾说："重点在于想要做什么，财务手续不妨容后考虑。"然而首先是经营，其次是变革，都将通过数字表现出来。类似于"对数字一窍不通"

的糊涂账没有任何成效。

02／废弃旧设备应由员工本人进行分解和分类

通过财务管理来降低企业成本，这是对企业管理者提出的较高要求。企业管理通常涉及人、财、物、产、供、销等方面。

可能读者不知道的是，上述几个方面的管理都直接或间接地体现在财务管理上。在现代企业制度中，其管理科学就是要求企业建立一套以财务管理为中心的企业管理体系。

由此可见，财务管理是一项综合性、职能性很强的管理工作，管理者只有抓住财务管理这个中心环节，才能全面带动企业管理，有效地降低成本，提高企业的经济效益。

为此，渡边捷昭指出，丰田只有真正实施以财务管理为中心的企业管理体制，才能走出一条低消耗、高效益、集约化的经营之路，才能在激烈的市场竞争中立于不败之地。

在渡边捷昭看来，为了强化每个员工的成本管理思想，要求报废的旧设备必须由员工本人进行分解和分类，这样不仅能够大大地推动丰田成本减半，而且，还为每个员工的成本管理思想进行了一次具体的教育。20世纪80年代，海尔CEO张瑞敏就有过类似的做法。

由于中国物资匮乏，质量问题往往容易受到忽视。20 世纪 80 年代，改革开放后的第一代企业家张瑞敏作出了一项令中国人想不明白的事情——完全可以凑合用的问题冰箱为什么要砸掉？

然而，正是这次事件让海尔冰箱的质量管理进入公众视野。1984 年，35 岁的张瑞敏临危受命，接任当时已经资不抵债、濒临倒闭的青岛电冰箱总厂厂长。时隔多年后，张瑞敏回忆说："上任后欢迎我的是 53 张请调报告，上午 8 点钟来，9 点钟就走人，10 点钟时随便在大院里扔一个手榴弹也炸不死人。到厂里就只有一条烂泥路，下雨必须要用绳子把鞋绑起来，不然就被烂泥拖走了。"

这样的境遇让张瑞敏不得不面对似乎是"烂摊子"的现实。当时，中国制造业正在实施进口替代战略，具体的做法是，通过大规模引进欧美日等发达国家的生产线，改造中国落后的轻工业的现状。

上任后的张瑞敏，作出了第一个决策——把工厂的牌子更换为"青岛电冰箱总厂"。经过张瑞敏向青岛市和轻工业部再三要求，成功地引进利勃海尔的技术，成为中国轻工业部确定的最后一个定点生产厂。

引进先进的技术只不过是张瑞敏带领海尔走出困境的第一步。1984年12月，出任海尔的前身——青岛电冰箱总厂厂长，制定了海尔第一个发展战略——名牌战略。为了让名牌战略落地，张瑞敏开始着手抓质量管理。

当时的中国，还是一个"物以稀为贵"的年代，像冰箱这样的商品是稀缺的。加上中国冰箱行业起步较晚，厂家生产的产品质量也参差不齐。此刻的海尔，其亏损额竟达到147万元，一半员工想离职，工厂濒临倒闭。

张瑞敏上任不久之后便收到一封消费者的来信，信中说，该消费者要买一台冰箱，结果挑了很多台都有质量问题，最后勉强购买了一台。

1985年，张瑞敏将库房里的400多台冰箱全部检查了一遍后，竟然发现有76台冰箱存在不同程度的质量问题，不合格率几乎达到19%。

面对这样的问题，张瑞敏不得不把职工召集到车间，以此来解决质量问题。对于问题冰箱怎么处理的问题，有的职工认为，既然产品不影响使用，干脆便宜点处理给职工。当时冰箱的价格是每台800元，相当于一个职工两年的收入。

尽管如此，张瑞敏向职工们表示，把问题冰箱全部砸掉，

谁生产的谁来砸。其中，张瑞敏领头砸了第一锤。就这样，76
台冰箱都被砸成了废铁。这表明了出现于商品短缺时期的第一
代企业家的自我蜕变正是从质量意识的觉醒开始的。

　　此后的十余年，是海尔高速成长的黄金时期，张瑞敏通过
引进欧洲的生产技术及日本的精细化管理模式，迅速实现了
产量与质量的双重跃进。1994 年，也就是在他创业的第十年，
海尔冰箱产销量跃居全国第一。

在丰田，报废的旧设备应由员工本人进行分解和分类，这不是
一个简单的程序化工作，而是努力做好成本减半。由于成本变革所
能够投入的时间实在有限，一些企业甚至希望半年内出成效，这样
的做法显然是过于功利。

　　为此，渡边捷昭建议，这些企业经营者最好将丰田的成本减半
战略为己所用，以此替代生产线样板，多观察多确认，找出与本公
司生产线的异同，引入本公司会有什么问题，直至心领神会，进而
按照本公司的风格加以调整。

　　在日本，一些企业经营者为了赶潮流，甚至改变其自身的生产
方式，但是很快就出现了问题。于是，又想走回头路，结果却进退
两难。渡边捷昭告诫说道："经营者在考虑生产方式时，其重点不
在于单纯地引进某种做法，而是在于如何最大化地利用本公司所拥

有的财产，如本公司的顾客、本公司的员工等。"

渡边捷昭指出，变革取决于员工智慧的多寡，真正的变革才能使经营长盛不衰，特别是转换新的生产方式时，也不能忽略旧设备的报废问题。

当然，将淘汰的传送带交由相关部门处理的做法过于草率，最好的做法就是报废的旧设备交由员工本人进行分解和分类。

在丰田，不管是传送带，还是次品都必须由员工亲手分解和分类，从表面上看，这是一种低效率的多余作业，但是在环保意识急剧变化的今天，企业积极参与每一次报废是一种重要的姿态。烦琐的分解、分类作业还能带来使生产便于回收再利用的灵感。

03 / 转换新的生产方式必须遵循一定的步骤

在成本变革的过程中，必须循序渐进，不能一蹴而就，因为更新换代并不是一件容易的事情。的确，在经营实践中，由于生产线的变革等都需要一定的时间。对于那些多品种、少量生产的企业来说，当生产线无能为力时，需要根据自身的具体情况进行调整。

作为一种劳动密集型的产业，作为中国企业的"老干妈"，与老字号企业一样面临技术创新的问题。由于技术存在局限性，过去传承下来的技术工艺都是师傅带徒弟的传承模式，更谈不上现代技术开发体系了，甚至还有不少工艺技术已经过时，即使有些传承下来的特有技术，多数也未形成现代意义上的自主知识产权，不规范，也未受到应有的保护。①

老字号的技术创新同样也困扰着"老干妈"。2005 年，由于"老干妈"的订单太多，产品供不应求，竞争对手渴求的订单问题却一度让陶华碧困惑。

究其原因，陶华碧一直依赖一大批创业初期的技师，这些技师都有着十几年的工作经验，而且对掌握配料的比例、炒制的火候、灌装的技巧等经验非常丰富。当然，想要增加一批这样的技师，其培养过程都需要耗费大量的时间和精力。假设继续遵循传统的手工生产模式，在短时间内是不可能实现质量和产量的双赢的。

然而，当大批订单如雪花般飞来时，创新问题就横亘在陶华碧面前，只有迈过这道坎才能解决现代化大生产的技术问题。在这样的机遇下，陶华碧下决心把技改创新作为"老干妈"发展的第一战略来实施。

为了早日解决创新问题，陶华碧集中领导力量、集中技术骨干、集中专项资金，开始实施三次技改创新，即通过自动化生产，

① 王成荣、李诚、王玉军：《老字号品牌价值》，中国经济出版社 2012 年版，第 101 页。

不断地提高"老干妈"生产的效率、扩大"老干妈"的优势产能，有效地实现了质量和产量的双赢。

2006—2008年，陶华碧实施一期技改，集中研究出口产品半自动燃气炒锅炒制品工艺、灌装半自动化、自动广口瓶清洗、消毒、烘干机、配料、车间和大型综合库房项目[①]，耗资1亿元。

2009年，陶华碧又斥资2.9亿元，研究全自动化冲击工艺。即机械化封盖、自动贴标、自动封箱、卸垛机、码垛机、自动炒制机等项目。

当前，"老干妈"在实施第三次技改创新——全智能化生产，而且已实施过半，"老干妈"的生产、管理标准化和可复制化将得以实现，未来就能像肯德基和麦当劳一样，只要有市场需求、条件允许，就能随时实现快速扩张。

"老干妈"的三次技改创新，提升了"老干妈"的竞争优势，其产能、产值节节攀升——2006年实现产值12.8亿元；2008年，一期技改完成后产值跃升至18.8亿元；2011年总产值达到31亿元，上缴各项税金3.8亿元；2012年，"老干妈"产值达到33.7亿元，纳税4.3亿元；2013年，产值达到37.2亿元，利税5.1亿元；当"老干妈"三期技改完成，2020年预计将达百亿元。

---

① 王志文：《好一个"老干妈"》，《中国国门时报》2012年11月5日。

从"老干妈"的稳健发展给中国企业家的启示是：绝不赞同那些跟风似的废除传送带的做法。一旦某企业如果需要新的生产线，竟然可以一夜之间将所有传送带尽数撤换。这样的做法只能增加成本，从"老干妈"的案例中不难看出，转换新的生产方式必须遵循一定的步骤。

在丰田，渡边捷昭回忆说道："丰田成本减半最初时就开始进行作业变革，当进行一段时间后，再变革设备，最后发展到布局变革。"

渡边捷昭坦言，在这个逐级递进的过程中，丰田现场工作人员的智慧得到充分的展现。一旦忽略这些步骤，贸然宣布："听好了，我们要废除传送带，明天开始采用单元式生产。"这样的做法无疑是缘木求鱼，现场人员的智慧因此可能被埋没。因此，在成本变革中，尽可能地让现场人员投身其中去发挥他们的聪明才智。

例如有人说："传送带的生产方式会造成很多浪费，处理掉吧。"于是，很多企业经营者就开始废除传送带，因此传送带就从工厂中销声匿迹。基于此，各家工厂都争相地废除传送带的生产方式，转而采用由一名作业人员进行生产、像货摊一样的单元式。

事实上，转换生产方式就能达到有效降低成本的目的并非易事。在使用传送带的生产方式中，的确存在诸多浪费的问题——传送带能够高效地大量生产统一规格的产品。由于顾客需求趋于多样化，一旦大批量生产同一件产品，势必就会导致库存增加。

由于畅销产品的种类和数量每天都在发生变化，像数码复印机这种存储设备的规格因顾客而异的产品，传送带式生产更是有心无力。

为此，渡边捷昭指出，在引入新的生产方式时，最好从生产线样板开始。倘若企业有多条生产线，就将其中的一条代之以新的生产线，由此开始变革。

在这个过程中，首先从离顾客最近的地方开始着手，通过较短的前置时间、更低的成本生产物美价廉的产品。

在初期，变革肯定会出现诸多问题，比如，零件不能按时到位，模具、工具不能正常使用、换产调整时间过长等问题。

每当出现问题时，就针对生产线中的问题加以变革，甚至还可以在傍晚作业完成后继续对当天出现的问题有针对性地变革。

如此反复后，比旧生产线更有效率的生产线就形成了。当旧生产线员工目睹了此过程，就会发现两者的差别和优劣，同时也清楚了如何在新的生产线上工作。然而，遗憾的是，在很多企业的管理实践中，转换新的生产方式总会令很多员工不知所措，甚至还会遭遇现场的抵制。如果让员工选择新的做法和惯常的做法，许多员工会毫不犹豫地选择惯常的方法。

基于此，管理者想要在短期内达到预期的效果，一旦忽略所有的步骤，一步到位地换成新的生产方式，置无法适应者于不顾，那么这样做尽管可以大大地缩短时间，但是很快就会发现，这样的急功近利的做法根本行不通。

面对此问题，管理者不能过于着急地转化新的生产方式，而是让现场人员发挥智慧，创造出新的生产方式并呵护、培养的做法，这才是降低成本的最佳策略。

尽管这样的做法可能需要花费更多的时间，但是这样做既能培养人才，还能创造今后继续变革的环境。

渡边捷昭因此认为，在变革的过程中，"发现"和"主动发挥智慧"的两个方法尤为重要。对于员工来讲，生产方式的变化不是被动地接受，而是主动地创造，否则难以产生巨大效果。另外，变革也不是一部分人开展的东西，而是全体人员主动参与，发挥智慧的东西。至此才能发挥其真正的效果。

04／不是改变财务体系，而是改变产品的生产方法

由于财务管理的内涵非常丰富，它涉及企业资金筹集管理、货币资金及往来款项管理、对外投资管理、固定资产管理、在建工程管理、成本费用管理、收入管理、利润管理、财务分析等方面。

在财务管理的这些内容中，成本费用管理显得尤为重要，成本居高不下在市场竞争中就不可能取胜，就面临被市场淘汰的风险。

为此，渡边捷昭指出，丰田的财务管理，不是改变财务体系，而是改变产品的生产方法，因为当产品生产出来后，必然存放到仓库里，到底能销售出去多少，完全取决于订单量。在这个过程中，生产产品的员工往往不与顾客正面接触，到底是"赚了多少钱"也只能等到最后财务结算后才能知道。

与之相反的是，倘若根据"销量"进行单件生产，生产产品的员工就能够灵活地满足顾客的个性化需求，同时也能够很快清楚自己到底"赚了多少钱"。一旦还是按照传统的大批量生产，即使转变为"直接有助于经营的财务"，那么其效果也是非常有限的。因此，任何一种理论，尽管设计得再好，在实际生产中一旦罔顾销量，那么一切都是空中楼阁。

为此，渡边捷昭进一步指出，想要实现"成本减半"，就必须将日常变革切实反映到损益表中，以便让员工尽快知道"今天赚了多少钱"。

在通常的生产体系中，思维和操作方法极其固化，因此，必须改变生产方式，一旦不改变生产方法，不管如何折腾财务体系，其成效都是微乎其微的。究其原因，这关键在于采取能够灵活地满足客户需求的生产方法，在此基础上完善财务体系。倘若在生产现场，每个工作人员都能够切实了解"今天赚了这么多""成本减半"，那么这样就可以做到成本减半。因此，渡边捷昭指出，更好地执行丰田的成本战略，必须改变以前对成本的认识，特别是以前的工作是让仓库堆满库存的意识，这不仅给丰田带来了巨大的成本负担，而且还为整个的成本变革带来层层阻碍。

渡边捷昭回忆说："以前的工作就是把生产的汽车存放到仓库中，现在则根据客户订单，以某一款汽车为单位，直接送到施工现场。让我切实感受到在为顾客工作，劳有所值。"

以前，丰田公司通过大批量生产，每天集中大批量生产多种板材，之后存放在仓库作为备用，一旦接到订单后，及时从仓库中提货并发送。

在汽车热销的年代，这种做法并没有出现什么问题，存放在仓库中的汽车总有一天会售出。但是，随着顾客需求日趋多样化，汽车产品不再是千篇一律，每一款汽车都在追求不同的外型和颜色。仅汽车门就从以前的两三种增加到了四五种。

为了满足此类需求，丰田必须不断地增加汽车的种类。不过问题是，当种类增加了，每一款汽车的使用量却没有因此而增加，甚至有些大批量生产的产品依然存放在仓库里，根本不会用到，甚至被束之高阁。

按照这样的生产方式，仓库很快被库存堆满。既然如此，是否需要的东西随时一应俱全呢？答案是否定的。由于是大批量生产，一旦需要的零部件没有了，即使客户只订购一块，也必须同时生产好几块。

当然，丰田要真正地实施成本减半，必须使"不赚钱的劳动"变为"有赚头的劳动"，这样才可能提升丰田的竞争力，每天生产好几辆汽车，将其存放到仓库。当接到订单后，就去仓库提取所需物品并发送，一旦缺货后又必须进行大量生产。对于员工来说，其工作可谓是兢兢业业，有时甚至会加班来满足订单的要求。

在这样的生产方式中，员工的确在工作，但却是一种"不赚钱的劳动"，有时反而给企业带来巨额损失。对于任何一个企业来讲，不管其号称产量有多么高，一旦销售不出去，就毫无意义。

从这个角度来看，无望售出的库存只不过是一种浪费。究其原因，当产品生产出来后存放在仓库，由于无法售出，就会永久性地成为库存。长此以往，企业肯定会遭遇诸多问题。因此，只有将"不赚钱的劳动"变为"有赚头的劳动"，才是降低成本、提升效率的有效策略。

根据"销量"进行生产，也就是从"今天做了这么多"转变为"今天赚了这么多"。渡边捷昭进一步指出，由于丰田放弃了大批量生产并将产品存放在仓库的做法，开始转变为成本减半的单件生产。

当接到订单后，计算出订单所需的配件，然后叫合作者逐个加以生产，然后直接装上卡车，运至组装现场后组装。

由于这是接到订单后再生产，根本无需保留过多的库存。过去，丰田公司的仓库堆得满满的，库存高及屋顶。现在丰田只需要象征性地摆放几件汽车样品。由于解决了库存问题，包括采购在内的前置时间也缩短了，丰田自然就拥有了强大的成本竞争力，即使在经济不景气时，丰田的业绩也照样提升。

05 / 想要实现成本减半，首先应该让每个员工降低成本

随着汽车产业的全球性产能过剩，汽车企业成为低利润的产业。加之日益高涨的环境保护要求和汽车产品的技术进步，又使汽车企业不得不加大研究开发的投入，即使是规模较大的跨国汽车公司也难以独立维持，成本与规模成为世界汽车工业兼并重组的重要原因。

为此，丰田如果要实现成本减半战略，确保 20%—30% 的利润，首先应该让每个员工降低成本，这才是上上之策。确实，在很多企业培训时，我常告诫听课的学员说道："作为一名合格的员工，必须要具有成本意识。"

遗憾的是，在很多企业中，由于员工连"成本是多少"都不知道，更不知道怎样去下功夫降低成本了。在这样的企业中，要求员工"要有成本意识"的提法，只是一句口号。

在丰田，渡边捷昭坦言："想要让员工拥有成本意识，不能凭借管理者的一时兴起，空喊几个口号就可以了，而是应该让员工到现场，实地地查看产品成本。不是诸如一件商品多少钱之类的粗略计算，而是详细地确定单位成本，包括每一种材料费、加工费，甚至存放半成品的空间等。"

有的经营者可能觉得，这样的做法事无巨细，实在太麻烦。但是渡边捷昭却不这样认为，一旦不能确定出产品的单位成本，那么变革就不会有成效。原因是不管如何变革，都无法计算实际降低了多少成本。

渡边捷昭解释称，变革的效果，应当计入日常收支，反映在损益表中。既然如此，那么变革的效果应该以什么来衡量呢?

渡边捷昭给出的答案是：变革并非都是大幅提高生产效率之类的大动作，更多是在日常作业中发现"如此作业很费劲""这里稍作改变操作就会更简单"等问题，由此问题提出有针对性的改善。

渡边捷昭说道："我们必须切实用数字对这些日常变革加以评估，为此势必要制定单位成本。只有了解所使用材料的单位成本、日常作业的单位成本，每个人才会带着成本意识工作。只有做到用数字对变革加以评估，变革才能持久。想要实现成本减半，首先应该让每个员工拥有成本，使单位成本浮出水面。"

在渡边捷昭看来，想要实现成本减半，首先应该让每个员工降低成本。在渡边捷昭看来，推行标准成本管理制度，将成本管理的重心转移到了作业区，作业长从以往只管生产、质量转到还必须管现场成本上来。

在这个过程中，财务人员就参与到成本管理上来了，且扮演了一个十分重要的角色，甚至成为降低现场成本的组织者。

一般的，财务人员不仅能够构建高效的成本网络，还可以制定出成本管理推进的进度、计划，甚至还可以负责培训员工在作业过程中的成本知识和成本意识。

从这个角度来看，财务人员对成本管理所起的作用是十分巨大的。尽管不直接参与降低现场成本，但是财务人员却是降低现场成本的组织者。为此，财务人员作为降低现场成本的组织者，必须做好以下几点：

（1）组织起高效的成本网络。

财务人员通过会计账簿，组织成立标准成本推进网络，高效快捷地反映各个产品的成本信息。在这个成本网络中，公司经理担任推进网络组组长，各工序兼职成本员、统计员、领料员等为网络主要成员，及时反馈成本信息，定期进行成本分析，有效控制成本。

（2）组织好成本管理的过程控制。

第一，财务人员对成本进行事前预测和控制。

具体包括：

一是分解成本指标。对于成本预算中的各类费用，尽可能安排专人控制，杜绝"无人管的费用"发生。例如，直接原料、直接辅料、燃动力由公司部门、各分厂、车间控制，具体的用量指标由年初下发至各工序；制造费用等各项费用指标分解到各月，同时确定控制者及负责人。

二是制定月度成本计划。根据每月的生产计划，有针对性地制定出月工序成本计划，及各项消耗定额，将成本进行月控制，使得预算置于强有力的过程控制下。

第二，对现场成本进行事中控制。

具体包括：

一是控制现场成本。根据年初作业区的实际情况，把预算指标分解到班组、岗位，做到每个员工有指标、有压力、有动力。在各作业区，将作业长任命为第一责任人。

二是控制班组成本。各班组的成本进行分解，贯彻落实到责任人，制定有效合理的考核办法。

三是控制物资领用。通过月度成本计划,一切物资领用,需要作业长签字确认,及时登记台账,并对当月消耗情况进行分析。

第三,组织好产品成本的事后分析。

按照每周、每月、每季度进行成本分析例会,主要分析:产品结构变化产生的影响;直接材料成材率、废钢回收量产生的影响;产生差异较大的直接辅料产生的影响;直接燃动力能耗与目标值相比产生的影响;分析可控制造费用总额和各单项超支的原因;对与预算相比上升或下降项目进行分析;单位成本量差、价差分析;总结本月工作,下月工作打算。

(3)把成本算准、算细是关键,提供真实的成本报表,以正确反映现场降低成本的实绩。财务人员要实行成本核算的细化管理。在产品方面,成本预算、作业标准、核算对象要明细到所有规格、品种;在工序方面,要面对产品所经过的所有工序。只有把成本算细、算准了,财务人员编制的成本报表才有说服力,才能以此为考核工序降低成本的实绩。

(4)熟悉现场、了解工艺,指导编制成本管理程序文件,为制定现场消耗指标打下基础。

在流程操作中,财务人员组织现场的作业长编制出适合本车间的成本管理程序文件,内容包括各工序的成本管理网络体系、分解到各岗位的成本指标、资材管理规定、工具管理规定以及为了控制成本而规定的作业标准等。

一般的，文件由作业长编制，分厂厂长审核、财务室审定。

在文件中，明确各工序的消耗指标，以及具体的责任人，以及原来作业标准上增加一些降低成本所需的作业标准。

其后，将这些文件发至每个班组，让岗位操作人员熟知标准和责任。作业长和财务人员进行不定期监督和检查。

当程序性文件一经制定后，财务人员还应根据本车间的具体情况，组织作业长进行合理修正。

（5）量化故障成本，对现场起警示作用。

在成本管理的培训中，尽可能地量化故障成本，比如设备故障、操作失误造成停机、产生废品等会造成的具体损失，以及导致产品成本上升的事件。

为此，财务人员对内通报事故的影响，比如通报故障损失统计结果，并记入该作业区的成本实绩，促使大家更加谨慎地操作，减少故障发生。

（6）对作业长进行定期的成本知识培训，使他们对降低现场成本有的放矢。

一般的，倘若作业长没有足够的成本知识，要想降低成本，相对较为困难。因为是由作业长来分析什么是导致成本升降的真正原因，因此，财务人员需要加强对作业长的成本培训工作。

通过上述做法，就能够将成本前置到现场，让每个员工降低成本，最终实现成本减半。比如，对于那些全部工作就是搬运货品或生产产品的员工而言，通过搬运货品创造利润、通过生产产品创造利润，这似乎是理所应当的事情。然而，在实际的工作中，有时其效果可能相去甚远。不仅仅是子公司，即使在主体的工厂，很多时候生产未必能带来利润。

06／成本控制的目的就是为了明确问题所在

任何一个企业经营者都知道，利润＝收入-成本。正是因为如此，成本的控制水平正在、甚至是已经成为汽车制造企业成败得失的衡量标准。为了更好地降低成本，增加收入，各国内汽车制造商都在各显神通地把核心竞争力体现在了成本的竞争上。

在成本较量上，财务部门因此被赋予重任。财务部作为丰田汽车财务核算和预算的责任部门，自然肩负使命。在丰田财务部成本中心，其控制各项生产成本及各部门的费用，财务部根据产量的预期等因素建立目标成本，并层层分解，成本考核的指针主要集中于目标成本的完成情况。

渡边捷昭指出，丰田是通过改变人的思维方式来优化流程的，这保障了一种良好的思维模式，然后再通过软件实现有效的信息管理模式。这是提高企业运营流程效率合理的路径。为此，成本控制目的就是为了明确问题所在。

英国《金融时报》问丰田社长渡边捷昭，成本为了什么？渡边捷昭强调："成本是为了降低，为了明确问题所在。"

渡边捷昭解释说道："价格是由市场机制决定的。价格取决于市场这个顾客，以多少钱来生产则是厂商的工作。我们应该全面思考怎样才能低价生产出好产品，而不是想要赚多少钱、卖出多少产品。价格取决于顾客，因此能以何种低价生产决定了利润的多少。有了这种思路，就会明白成本不是用来计算，而是用来降低的。"

丰田作为汽车制造商要想获得经营利润，除了必须提供适销对路的汽车外，还应该适当降低开发成本，严格控制各项费用支出。究其原因，"利润＝销售收入－成本费用"。

在这个公式里，清楚地展示了成本在经营中的地位，成本越低，那么利润就越高；成本越高，其利润就越低。

为此，渡边捷昭多次强调成本减半。当然，要实现成本减半，就需要提高丰田的利润率，这是丰田需要重点解决的问题。

众所周知，降低成本是提高利润率的一个必须途径。通过几年的变革，丰田获得了大量的管理经验。渡边捷昭由此认为，提升员工的成本意识，是丰田能够有效降低成本的一个发力点。

事实证明，一旦员工缺乏成本意识，那么丰田艰难的变革就很难进行；没有明确的成本减半的意识，那么其他的措施都是乏力的。在丰田，员工的成本意识已经成为丰田的习惯、成为丰田的性格，无论是部门领导者，还是普通员工都被要求坚决地树立起产品生产的成本意识，尤其是部门领导者、项目负责人，在日常管理中更是大力倡导、带动和影响，有效地塑造了良好的全员成本意识，同时还培养了全员关注成本的工作氛围。

众所周知，丰田之所以拥有强大的竞争力，是因为每个丰田员工拥有成本意识。不仅如此，丰田员工不仅具有成本意识，更是带着成本意识在完成工作任务。

由于员工拥有成本意识，其降低成本的动力更高，不仅详细地确定包括材料费、加工费、存放空间在内的单位成本，同时还将日常的成本通过数字反映出来。

在渡边捷昭看来，形成如此的成本文化，不是单靠蛮干就可以降低的。有些企业经营者，虽然强调降低 1 成或 2 成的成本，却不清楚这个目标的可行性。

既然作为目标，就必须建立在满足客户需求的基础上，只有这样，才能克敌制胜。一旦管理者制定目标时毫无章法，其变革的努力自然就白费了。因此，渡边捷昭认为，更好地控制成本，就必须明确与标准成本的差额，这样不仅能够制造标杆，而且还能够创造自己的标准，在以前与美国企业单打独斗地竞争时，美国汽车的成本数字就是标准。但是到了今天，除了发达国家，中国、东南亚的生产成本数字也值得关注。在比较世界汽车制造的成本时，不能只盯着眼前的数字，应该瞄准 2 年后或 3 年后的价格动向来思考标准成本。

因此，制定出一个标准成本，然后将其与当前世界汽车企业的产品成本进行比较，就可以清楚地发现丰田的问题。当明确了与标准成本的差额，就很明确每个单位成本应该降低什么和降低多少了。

例如，将当前成本减半作为标准成本时，由于成本减半是相当艰巨的战略目标，倘若目标过于容易，其他企业很快就会迎头赶上，丰田自然就无法获得强大的竞争优势。因此，丰田最好制定一个略显困难的降低成本的目标，并果断地发起挑战。

当成本减半作为标准成本后，就需要针对构成生产活动的所有项目进行可行性分析，然后再细化那些环节应该降低什么和降低多少，以何种方法在何时实现，最后详细地加以规定。

在这个过程中，作为管理者，必须把降低成本的目标具体地加以细化，倘若对此阶段的工作掉以轻心，那么辛苦制定的降低成本的目标只能是一纸计划收场。

07／生产线负责人就是管理者，应使日常收支一目了然

分析目前汽车行业面临的成本压力，制造成本无疑是较大的。在制造成本中，包括汽车生产平台的投入、运行成本、人力资源成本、供应链涉及的物流成本、零部件需求成本，能源消费成本等。

随着汽车产品日益趋于同质化——技术、质量、服务等诸项要素上。不仅如此，汽车企业还面临两方面的挑战：一方面竞争日趋加剧；另一方面顾客趋于理性。

面对挑战，有效降低成本已经成为各个企业关注的重点。因此，企业要想长期在激烈的竞争环境中生存下去，进而发展壮大，就需要降低从生产到销售的诸项成本。

在这个过程中，降低成本必须变革和指导培养员工的能力以及成本意识。为此，渡边捷昭曾忧虑地说道："只是遵照公司的指示兢兢业业生产，那根本无法战胜劳动力费用低廉的中国企业。"

在日本，劳动力费用相对高昂。为此，丰田在日常经营中进行了"更廉价地生产好产品"的变革，确保生产活动在"质量、交货期、成本"方面立于不败之地。

在这个过程中，有效地实现从新产品初期的量产质量，到以最高质量生产的"垂直启动"，同时还依据销量进行灵活生产。一旦

企业具备了这些"生产能力",根本没有必要转战他国。那么,怎样才能拥有这些"生产能力"呢?这就需要把生产线负责人培养成为管理者,同时还把成本开销数字化,使得日常的收支一目了然。

一般的,当生产线负责人成为管理者后,其监督意愿大大增强,由于监督意愿增强,其生产效率会提高,业绩也会好转。通常,生产线负责人具备的素质有 3 个——变革的能力、指导培养下属的能力以及成本意识。

在管理实践中,由于生产线负责人会观察下属的工作和生产方法,一旦操作程序欠佳,生产线负责人由于自身拥有丰富的工作经验,找到解决的办法较为容易。不仅如此,生产线负责人随时留意有没有存在浪费的地方,并逐个加以清除。有些生产线负责人在无法赶上交货期或人手不够时,也会亲自加入生产线一起工作,由于他们熟悉工作,参与作业有助于缓解压力。

在很多企业中,由于监督员工工作的管理者脱离生产线,虽然他们认真监督下属的工作,但却不是一个称职的监督人员。因为他们必须制定标准作业,施行变革,并将其作为标准。如果变革做不好,又不会修改标准作业,无疑是在渎职。原因是生产再卖力,产品卖不动同样糟糕。

丰田曾经向由优秀的车间主任们退休后开办的小型工厂委派工作。但是,尽管他们手艺高超,却几乎没有任何管理天分,只能将经营管理委托他人，最后这些管理者干脆带着盒饭上班。

当大野耐一听了这件事后对即将退休的车间主任说道："看看你现在所在的车间，拼命让员工干活，生产出这么多产品。丰田只卖好产品，你让自己的手下生产各种产品，自己认为做好了，但如果产品不好，丰田是不会卖的。这样一来你就拿不到钱，冲床需要你支付冲床的费用，用电需要你给电力公司付钱。如此生产，最后留在你手里的是什么呢？不就是一些铁板吗？现在你是从公司领工资，可能会觉得这些话难以理解，但假如你是这个钢铁厂的管理者，你自己也只能啃铁板。"

在大野耐一看来，半成品是极大的浪费，车间主任也必须是现场管理者。在很多企业中，由于生产现场的负责人只是遵照指示生产，甚至很多管理者也同样认为，生产现场的人员只要遵命埋头搞生产就行，殊不知，这样的做法却在增加成本。

如果生产现场的负责人仅仅只是卖力地遵照指示生产，却不去思考如何才能生产出价格更低廉、质量更好的产品，一旦不关心自己生产的产品销售情况如何，这样的做法绝对无法获得"生产能力"，更不可能把日常收支一目了然了。

为此，大野耐一直言，只有使得生产线负责人把日常收支一目了然，才能最大化地降低成本。这是丰田取得成功的重要因素，特别是建立让监督人员切实感受到"自己是管理者"的机制，这样才能更好地降低成本，从而使成本减半战略顺利实施。

确实，变革也好，修改标准作业也好，都是为了更好地降低成本。一旦还是坚守"生产只要不延误交货期就行"的观点，以为生产出产品后，将其存放到仓库或者交给物流，工作就完成了，产品能否卖出去与自己无关，这样的思维已经落伍。

大野耐一认为，监督人员必须全神贯注于如何生产出客户愿意购买的产品，也就是对在自己生产线上生产的产品，承担起作为管理者的责任。丰田也必须让监督人员切实感受到这一点。

大野耐一举例说，例如，让监督人员尽快了解生产线的日常收支。倘若不从机制上确保生产合格产品，那么企业就会蒙受损失。尽管每个企业都很难做到零次品，但是必须建立相应的机制，使得每个产品都合格。一旦出现大量半成品，而且是次品库存，就会直接导致收支恶化，反之，如果施行变革，其效果马上就以数字反映出来。因此，只有监督人员具有现场管理者的自我意识，使其知晓每天生产线的收支，这样才能有助于减少成本。

第 8 章 | 行政部门的功能实施"成本减半"战略

如果现场说需要 100 名员工，就给他们安排 10 名，现场就会被迫想方设法维持生产。所以当他们前来哭诉说没有 100 名无法开展工作时，就给他们安排 10 名左右，然后装做什么都不知道。这样人事方面也能降低 90 个人的成本。

——丰田前副社长　大野耐一

01 / 高昂的行政费用必定让企业的竞争力完全丧失

渡边捷昭指出，丰田要实现成本减半，确保 20%—30%的利润，必须对整个流程上的工序都实施成本减半，否则，丰田的成本减半战略将失去意义。

事实证明，如果不对行政部门进行变革，那么高昂的行政费用必定让丰田的竞争力完全丧失。渡边捷昭举例说，"这个机器就单件机器来说，制造费用可能是世界上最低的，但是售价却很高。某制造商生产各种零件，也占有相当大的市场份额，但如果生产零件所需的实际成本再加上行政费用，与同行业其他公司相比，售价的优势就不复存在。"

在日本的企业中，行政费用的内容可谓是包罗万象，除了总公司的经费外，还包括基础研发费用、维持品牌的费用。虽然能以行业最低成本来生产零件，但是一旦进入销售阶段时，与其他公司的价格相差就不大了。

这个问题一直困扰着日本许多企业经营者。在海外生产也是一样，即使在劳动力费用低廉的中国生产，却依然背负着日本国内臃肿的行政部门。有些研究者甚至还怀疑日本企业是否真的能够赚到钱。

一般的，公司行政费用包括如下内容：办公费、修理费、租赁费、物料消耗、邮电费、物业管理费、水电费、总务费用、车辆费用、宣传费用、会务费用、书报杂志费、档案工作费用、业务招待费、差旅费、交通费、常年顾问费、工资性支出、董事会费、监事会费及各部门根据其职能制定的其他费用预算。

在很多变革中，尤其是降低成本、提高生产效率的变革中，几乎都只是针对生产部门，很少针对行政部门。假设行政部门的人数多于生产部门，即使生产部门将生产效率提高一成，那么整体效率却不能提高一成。假设生产部门将产品成本降低1—2成，行政部门依然维持不变，那么因为行政部门的费用，照样无法获得占绝对优势的价格竞争力。

一直以来，日本经济学家多次批评说"日本企业的弱点在于白领的生产效率"。在很多日本经济学家看来，至今仍没有好转的迹象。经济学家的理由是，一旦出现"现场为了降低1分、2分钱的成本在拼命，但我们的行政部门呢"？这样的态度无疑会影响成本减半战略的执行，甚至还可能导致降低成本因此停滞不前。

因此，渡边捷昭认为，丰田在整个成本变革的过程中，必须改变以前的变革方式，特别是对行政部门的变革，只有这样，丰田才能真正地降低成本。

渡边捷昭还毫不隐讳地说，不向臃肿的行政部门开刀，丰田是很难获得强大成本竞争优势的。这样的问题同样清楚地摆在经营者面前，许多企业经营者却从未对行政部门进行过有效变革，或者是视而不见。因此，想要实现成本减半，对行政部门的变革无疑势在必行，一旦行政部门不变，生产部门也很难有起色。

其要点有三：其一，业务人员的观念革新；其二，行政部门的精简；其三，使行政部门利润化。

基于此，长期以来极易被忽略的行政部门同样需要实施成本减半，否则，就不能够提高丰田的竞争力。

确实，如果行政部门不执行成本减半，仅仅要求生产部门来降低成本是远远不够的，对于降低成本这个问题，日本的企业都感觉到了成本问题的严峻，大都开始着手对行政部门进行精简，理光Unitechno 为了更好地降低成本，于是在行政部门推动少人化、灵活用人化，将人数减至三分之二，这也作为一个成功事例被《每日新闻》多次报道。

02 / 行政部门的变革首先从制定标准作业开始

丰田早在 1963 年，就开始进行了降低生产成本的实践，至今已有 54 年的历史。在丰田公司，为了更好地执行成本减半战略，在行政部门同样实施降低成本的策略。

20 世纪 60 年代，日本企业为了追求最合理的制造方式，以取得竞争优势（高质量、低成本），谋求在经济低速发展中增加利润。

为此，日本企业建立了一套完整的生产过程和库存管理制度体系，这是战后日本汽车工业为了适应"多品种、小批量"的市场需求的产物。

1963 年，丰田公司正式全面实施降低成本的策略，1973 年迅速在日本其他企业、行业普及开来，并受到国际瞩目。

事实证明，高昂的行政费用必定让丰田的竞争力完全丧失，这就要求丰田领导者必须重视行政部门的观念革新，也是丰田领导层的职责。

在丰田新员工的培训中，可能会问到，"应该如何分配业务人员的经费呢?"丰田的回答很简单："这取决于他所做的工作是为了谁。"

当管理者仔细地观察员工每天所做的工作，就知道"这项工作为了谁"了，如果还不明白工作为了谁，那么毫无疑问这项工作没有多少价值。

在日本索尼公司销售部，像小田千惠这样的普通接待员可以说是不胜枚举。他们的工作职责就是为往来的客户订购飞机票、火车票。

尽管工作比较简单，但小田千惠做得非常到位，得到了很多客户的高度评价。在一段时间里，由于索尼公司业务的需要，接待员小田千惠经常给美国一个大型企业的总裁订购往返于东京和大阪的火车票。

这个美国企业总裁发现了一个非常有趣的现象："他每次去大阪时，座位总是紧邻右边的窗口，返回东京时，又总是坐在靠左边窗口的位置上。这样每次在旅途中他总能在抬头间就能看到美丽的富士山。"

刚开始时，这个美国企业总裁认为是运气好而已，但是后来却不这么认为了。对此这个美国企业总裁百思不得其解，随后专门针对此问题询问了小田千惠。

当这个美国企业总裁询问此事时，小田千惠微笑着解释说："您乘车去大阪时，日本最著名的富士山在车的右边。据我的观察，外国人都很喜欢富士山的壮丽景色，而回来时富士山却在车的左侧,所以,每次我都特意为您预订可以一览富士山的位置。"

当听完小田千惠的回答,这个美国企业总裁由衷地称赞道:"谢谢,真是太谢谢你了,你真是一个很出色的雇员!"

让这个美国企业总裁意外的是,小田千惠却回答说:"谢谢您的夸奖,这完全是我职责范围内的工作。在我们公司,其他同事比我更加尽职尽责。"

尽管此事甚小,但是对于这个美国企业总裁而言,是岗位责任的一个具体表现。于是美国企业总裁对索尼公司的领导层不无感慨地说:"就这样一件小事,贵公司的职员都做到尽职尽责,那么,毫无疑问,你们会对我们即将合作的庞大计划尽心竭力的,所以与你们合作我一百个放心。"

令索尼公司的领导层惊讶的是,因为小田千惠的尽职尽责,这个美国企业总裁将合同金额从原来的 500 万美元提高到 2000 万美元。

鉴于这个美国企业总裁的高度认可,索尼公司领导层决定将小田千惠由一名普通的接待员提升至接待部的主管。

反观上述案例,尽管小田千惠并没有做出多大的丰功伟绩,但是她却知道"这项工作为了谁",正是因为如此,索尼公司才有今天的辉煌业绩。

在完成工作任务时，员工首先考虑生产线工作的易操作性。倘若在生产线上，分配给检查零件和去皮等的时间很多，这样的情况可能说明采购方法存在问题。

一般的，在生产线上，给不产生附加值的工作分配较多时间无疑是最大的浪费。在很多企业依然认为"生产线只要按照员工说的去做就行了"。

因为不与顾客直接打交道，所以没有太强烈的"顾客"意识，而员工的工作本应是为了"顾客"。基于此，对于任何一个企业来说，在行政部门推行变革，关键在于让员工形成"这项工作为了谁"的意识。

当然，"这项工作为了谁"的观念革新需要从领导层开始，一旦不将观念革新与行为改革挂钩，那么这样的变革就毫无意义。为此，为了确保成本减半战略的顺利实施，行政部门的变革首先从制定标准作业开始。

在很多企业中，根本就不重视行政部门的变革，尽管行政部门臃肿不堪，但是依然还是变革一线市场的部门，这样做显然不能达到降低成本的目的。

为此，尽管行政部门不被诸多企业重视，实施标准化工作势在必行。然而，在一些企业中，行政部门的标准化工作相当滞后。

　　部分日本经济学家指出，行政部门的工作因其专业性，并非任何人都可以胜任，新人上岗也要假以时日才能独当一面。

　　渡边捷昭却质疑日本经济学家的观点，在很多企业中，现场作业是操作工的天下，他们以娴熟的本领操作机器来制造产品。

　　新员工上岗时，由于机器的操作调整十分麻烦，通常很难轻易掌握。很多人对此都习以为常。但是，丰田生产方式却是为了让外行也能胜任现场作业。为此，丰田反复进行变革，甚至还取消了机器调整作业，使得操作机器变得极其简单。

　　在很多时候，新员工或者换岗员工不是"看着别人怎么做并记住"，而是需要制定标准作业，从机制上保证了新员工或者换岗员工只需学会要点，最多3天就能胜任相当一部分工作。

　　当然，这样就能在标准作业的基础上推动降低成本的变革。一旦没有标准作业，就意味没有衡量尺度。同样的，行政部门的工作也是如此，在渡边捷昭看来，行政部门也完全可以实现标准化。一旦切实制定了标准作业，思考"有没有更好的做法"，行政部门的变革就会前进，也能有助于降低成本。

　　渡边捷昭指出，想要推动行政部门的少人化、灵活用人化，需要具备一定的条件。

　　工作的内容和做法是否切实做到了"可视化"。

　　在行政部门的各项工作中，有些工作具有专业性，有些工作需要保密。可能就会出现某件工作只有某个特定的人员才能胜任，或者如果此人不在，其他任何人都一无所知。

倘若管理者对此习以为常，而不深究其背后的浪费，行政部门的少人化和灵活用人化基本上是无法实现的，行政部门的变革因此将停滞不前。

在库房中，有些员工号称仓库高手。虽然仓库里堆放着大量材料和产品，密密麻麻堆及屋顶，在外人看来，产品放在什么位置根本就是毫无头绪，一旦问仓库高手，他就能马上知道所需材料或产品有多少、在什么位置。

其实，这样的问题本身就是一件不正常的事情，只能说明没有切实做好整理整顿工作。一旦切实做好了整理整顿工作，库管就会认真地在整理架上标明地址，标明最少库存数或最多库存数，哪怕是第一天上班的新员工也能马上知道什么东西放在什么位置、数量有多少，这就是具体的可视化标准。

许多工作需要像这样才能让任何人，哪怕是新员工都知晓。相比只有请教高手才能了解情况的做法，可视化的效率高出很多倍。

以上是仓库的例子，其实在行政部门，"问 A 就行，他无所不知""只有 A 知道"的工作方法也有蔓延之势。"问 A 就行，无所不知"根本不是什么赞美之词，"只有 A 知道"的工作方法本身就是大错特错。

接到外部交易方或客户电话，理直气壮地回答说："负责人不在，我不知道。"其实，这样的做法是不可思议的，除非是一些相当重要的事情。倘若同属一个部门，却对大部分问题，甚至什么人做了什么都一问三不知，就谈不上实现了可视化。

为了更好地实施成本减半战略，最好的办法就是在行政部门引入黑白图例表，从而实行标准化作业流程。

在行政部门的可视化标准中，不妨和生产现场一样制作一张"黑白图例表"。由于行政部门不同于营销部门和生产部门，可能无法用数字反映行政部门的成果，但是一旦实行了可视化，并制定了标准作业，可以顺带将各部门必备的技能一一列举出来，同时核对每个人掌握了几种技能、达到了 4 个档次中的何种水平。只要查看黑白图例表，就能了解每个人的能力，也能很快了解到谁正在学习何种技能，应该如何加以培养，见表 1。

表 1 "黑白图例表"

总务室黑白图例表				
制作年月日	2001 年 1 月 5 日	总裁	专务	制作
修订年月日	2002 年 11 月 1 日			

划分	总务相关												
项目 姓名	接电话	接待客人	援助对象文件管理	卫生管理（清扫）	备件管理	图书管理	日程（行动）管理	日程（业务）管理	制作文档（电子文档化）	筹备培训会（讲座）	年中、年末派发礼品	组织庆祝员工生日	剪取报纸报道	制作股价走势图

划分	财务相关												
项目 姓名	申请差旅费（公司内）	申请差旅费（向援助对象申请）	颁发申请书	处理传票	制作账簿	输入电脑（会计处理）	次月报表（估算表）	薪酬计算	申请书处理业务	社会保险业务	现金报表	销售额报表	接待费报表	差旅费报表
备注	能独立完成　能按计划完成 出现异常时能应付自如　能进行变革、指导												

在渡边捷昭看来，在降低成本的过程中，行政部门和营销、生产部门一视同仁，绝不搞特殊化。建立相应体制，实现可视化，制定标准作业，配以黑白图例表，致力于日常变革。这样就能使行政部门具有现场观念，具备变革能力。如果不把行政部门纳入变革，绝对无法实现"成本减半"。

03 / 仅凭标语无法实现"安全第一"

面对经济全球化和市场经济的挑战，西方许多企业加紧成本改革的步伐，降低行政成本，从注重投入转为注重结果即产出，降低行政成本提高企业效率，这是提升企业竞争力的一个重要举措。

为此，国家总理温家宝在第十届全国人大第三次会议上的政府工作报告中指出："整合行政资源，降低行政成本，提高行政效率和服务水平"。国家如此，企业也亦然。确实，对于丰田的成本减半战略，行政部门的成本减半同样重要，如果仅凭几个标语，就能做好，那么这样的成本降低简直就是无稽之谈。

因此，需要让经营者正视的是，由于行政部门远离市场，市场意识非常淡薄，行政部门的许多业务人员根本不清楚他们是为了谁而存在？他们的职责是什么？如果靠这样的行政部门去竞争，结果就可想而知，根本就不能战胜竞争对手了，作为行政部门的业务人员，必须清楚尽管自己远离市场，但是必须要培养自己的市场意识。

在丰田这种生产型企业中，为了让从事生产的员工安全舒适地工作而协助创造环境和土壤，才是行政部门的许多业务人员的本来任务，即服务部门和支持部门才是其真实角色。因此，只有让生产现场的环境舒适起来，才能实现生产现场"零灾害"。

基于此，"安全"是为了现场工作人员，只有保持舒适的环境，现场人员才能感受到工作的愉悦，也会爱护机器和设备，更会为自己的工作而自豪，萌发进取心，并终将促进提高生产效率。

基于这一观点，渡边捷昭指出，对于提升行政部门的效率，必须从职责开始，管理办公室比制造现场更舒适，而现场办事处更舒适，管理部门的办公大楼更令人心旷神怡。将现场人员叫到管理办公室，将管理办公室的人叫到现场办事处，然后办公大楼也是如此这般。一旦这种"只使唤人不动窝主义"在公司蔓延开来，后果会怎样呢？不管公司如何费尽口舌强调安全，一旦出现脱离现场、血液倒流，就只是空谈。使血液活跃地流向现场，是安全工作的目的之一。扎根于企业现场的安全工作由此开始。

行政部门的成本减半，无疑是提升丰田竞争力的一个有效举措，因为对于制造商来说，"零灾害"是一个重要的成本课题，只有实现"零灾害"，才可能大大降低制造车间的成本。尽管各厂商都在采取各种努力，但是灾害依然如影随形。究竟他们是否发自内心地在力争"零灾害"呢？

大部分行政部门的业务人员认为，就好像"想要做到零次品率，最好的办法就是不生产产品"，只要制造产品，"零灾害"就难以实现，就是这样思想误导了大部分行政部门的业务人员的操作，从而加剧了成本的上升。

渡边捷昭在接受《华尔街日报》的采访时指出，其实一旦实现"零次品率"和"零灾害"，就能极大地帮助丰田降低成本，从而更好地提高生产效率。有些车间努力到一定程度就认为"已经尽力了"，因为这种想法而放弃丰田成本减半的战略，究其原因，就是在于与现场脱节的"安全工作"变成了某种"虚张声势"。

渡边捷昭如此谈到仅限于"虚张声势"的安全工作："车间贴着很多'安全第一'之类的标语，除此以外毫无作为。实际发生了事故，却还贴着这些标语，根本没有意义，所以曾经全部撕掉过，因为渡边捷昭希望看到的不是标语，而是真正贯彻落实'安全第一'。"实现"零灾害"是件难事，并非制定了严格的规定就能做到。制定了规则，下令遵守这个，遵守那个，出现失误就是负责人或某某人不好，如此做法不能保证安全。制定出扎根于现场、能够让作业人员认同"的确如此"的规定，从硬件和软件两个方面，从贴近他们的地方开始实践，这才是真正的安全工作，否则将形同虚设。

1995 年 2 月，英国巴林银行不得不向外界宣布该企业倒闭。当巴林银行倒闭的消息已经传开，强烈震动了当时的国际金融界。事后调查发现，巴林银行的倒闭，是由于该行在新加坡的期货公司交易形成巨额亏损而导致的。

创始人弗朗西斯·巴林爵士于 1763 年创建巴林银行（Barings Bank），该行拥有 230 多年历史，是英国老牌贵族银行。

截至 1993 年年底，巴林银行的资产总额达到 59 亿英镑。1994 年，巴林银行的税前利润高达 15 亿美元。巴林银行的核心资本在全球 1000 家大银行中排名第 489 位。连英国伊丽莎白女王都是巴林银行的长期客户，足以说明巴林银行拥有较高的信誉度。

然而，正是这样一个拥有 230 多年历史的银行，因为监控不到位，被一个员工毁掉了。毁掉巴林的员工叫尼克·李森（Nicholas Leeson），被国际金融界誉为"天才交易员"。

正因为如此，28 岁的尼克·李森时就任巴林银行驻新加坡巴林期货公司总经理、首席交易员。熟知尼克·李森的人都知道，尼克·李森以稳健、大胆著称。在日经 225 期货合约市场上，曾经被誉为"不可战胜的李森"。

然而，天才也有失误的时候，正是因为一个"88888"账户，尼克·李森为掩饰交易员的失误而设立的独立于银行清算系统之外的交易账户，最终毁掉了巴林银行。

1992 年，28 岁的尼克·李森被巴林银行总部任命为巴林期货（新加坡）有限公司的总经理兼首席交易员，负责该行在新加坡的期货交易并实际从事期货交易。

此刻，尼克·李森可谓是志得意满，终于可以再次大显身手。1992 年 7 月 17 日，由于一名刚加盟巴林银行的交易员出了差错，该交易员将客户的 20 份日经指数期货合约买入委托误为卖出。

尼克·李森在当晚清算时发现了此笔差错。尼克·李森知道，要想矫正这笔差错，就必须买回 40 份合约，按当日收盘价计算，损失大约为 2 万英镑，并应立即报告巴林总部。

然而，尼克·李森却在经过种种考虑后，决定利用错误账户"88888"承接了 40 份卖出合约，以使账面平衡。由此，一笔代理业务衍生出了一笔自营业务，并形成了空头敞口头寸。

数天以后，日经指数上升了 200 点，这笔空头敞口头寸的损失也由 2 万英镑增加到 6 万英镑。在当时，尼克·李森的年薪还不足 5 万英镑，而且先前已经存在隐瞒不报的违规做法。

此次，尼克·李森更不敢向巴林银行总部上报了。

此后，尼克·李森频频地利用"88888"账户，不断地矫正下属的交易差错。仅仅在其后不到半年的时间里，该账户就矫正了 30 次差错。

尼克·李森为了应付每月底巴林银行总部的账户审查，不得不将自己的佣金收入转入账户，以弥补亏损。由于这些亏损的数额不大，结果顺利过关。

1993 年 1 月，尼克·李森的一名交易员再次出现了两笔大额差错：一笔是客户的 420 份合约没有卖出，另一笔是 100 份合约的卖出指令误为买入。

面对此种错误，尼克·李森再次决定，依然用"88888"账户保留了敞口头寸。由于这些敞口头寸的数额越积越多，随着行情出现不利的波动，亏损数额也日趋增长至 600 万英镑，以致无法用个人收入予以填平。

在这种情况下，尼克·李森被迫尝试以自营收入来弥补亏损。幸运的是，到 1993 年 7 月，"88888"账户居然由于自营获利而转亏为盈。

此刻，倘若尼克·李森就此收手，抑或巴林银行能够监控到尼克·李森的违规做法，那么巴林银行的倒闭也许能得以幸免。然而，正是此次成功地转亏，使得尼克·李森继续利用

"8888" 账户吸收差错增添了信心。

1994 年下半年，尼克·李森开始看多日本股市。1995 年 1 月 26 日，尼克·李森竟用了 270 亿美元进行日经 225 指数期货投机。

始料不及的是，日经指数从 1995 年 1 月起一路下跌，尼克·李森所持的多头头寸损失惨重。1995 年 1 月 16 日，日本关西发生大地震，再次引发股市暴跌，尼克·李森所持多头头寸遭受重创，损失高达 2.1 亿英镑。

为了反败为胜，尼克·李森继续从伦敦调入巨资，增加持仓，即大量买进日经 225 股价指数期货，沽空前日本政府债券。

1995 年 2 月 10 日，尼克·李森已在新加坡国际金融交易所持有 55000 份日经股价指数期货合约，创出该所的历史记录。

尽管此刻的情况相对糟糕，但还不至于让巴林银行倒闭。为了扭亏为盈，尼克·李森再次大量补仓日经 225 期货合约和利率期货合约，头寸总量已达十多万手。当日经 225 指数跌至 18500 点以下时，每跌一点，尼克·李森的头寸就要损失两百多万美元。

1995 年 2 月 23 日，日经股价指数急剧下挫 276.6 点，收报 17885 点。由此，尼克·李森造成的损失激增至 86000 万英镑，正是巨大的亏损数额，最终导致巴林银行的倒闭。

当天，尼克·李森已经意识到，自己再也无法弥补其巨额的亏损，不得不仓皇出逃。最终查明，巴林银行最后的损失金额高达 14 亿美元。面对巨额亏损难以抵补，这个曾经辉煌的巴林银行就这样倒闭了。

1995 年 2 月 26 日，由于未能筹集到足够的款项，巴林银行这个拥有 230 多年历史的银行以 1 英镑的象征性价格被荷兰国际集团收购。

1995 年 3 月 2 日，警方将尼克·李森拘捕。1995 年 12 月 2 日，新加坡法院以非法投机并致使巴林银行倒闭的财务欺诈罪名判处尼克·李森有期徒刑 6 年 6 个月，同时令其缴付 15 万新加坡币的诉讼费。

巴林银行倒闭，其管理层难辞其咎，因为存在监控不到位的问题。基于此，就要求管理者完善监控机制，尽量完善企业内部的各项监控措施，善于发现监控中的疏漏之处，即监控的盲点。

一旦发现了监控中的盲点，管理者就必须有针对性地采取相应的监控措施解决存在的问题。管理者倘若发现不了监控中的盲点，那么企业内部就可能存在着永远都无法解决的问题，种种潜在的危机便会接踵爆发，企业的生存和发展都可能受到严重的威胁。所以，对于管理者来说，降低行政部门的成本，总体上还是比较麻烦的，一方面，行政部门是一个没有明确能够创造利润的部门，另外一方面，行政部门远离市场。

04／不增加，而必须有尽量减少固定费用的意识

不管是生产部门也好，还是销售部门也好，甚至是行政部门也好，都必须有尽量减少固定费用的意识，只有这样，才能够真正地做到成本减半，否则，都将是一句空话。为此，对于行政部门的降低成本必须少人化、灵活用人化。

大野耐一指出，对于任何一个企业来说，都需要不断地努力精简生产现场的人员。无论通过何种工作方法，对现场人员来说都是比较容易接受的。但很多企业的问题是几乎止步于行政部门，不向臃肿的行政部门开刀，即使生产部门的改革力度再大，成本都不会大幅下降。许多企业尽管生产成本很低，售价却和其他公司不相上下。

为了让行政部门真正地成本减半，尽可能地实现少人化和灵活用人化。实现"少人化"和"灵活用人化"并非简单的裁员，而是

减少现有人员，由少量人员承担行政部门的工作，多出的人力则用于创新或强化弱小的部门。

实现"少人化"和"灵活用人化"的工作通常由职务分析开始入手，仔细分析行政部门经手的工作，消除存在浪费的部分，实现精简。当然，实现"少人化"和"灵活用人化"这是一项精细、费时的工作，而且即使召开听证会，根本不会有人认为"自己从事的工作就是在增加成本"，甚至行政部门还有一些员工还制造多余的工作，目的就是为了显示自己的存在价值，自以为在工作，其实在增加成本。

如此看来，管理者即使花了很多时间作了职务分析，其效果也不会太显著。即使能降低几个百分点的成本，离所有部门"成本减半"的目标依旧相去甚远。最为立竿见影的做法，就是先试着抽走一些人员，然后让他们完成全部工作。

正如大野耐一所言，"现场就会被迫想方设法维持生产"。一旦抽调一部分人后，其他员工会主动地调整自己的工作任务。因此，大野耐一的做法并非轻率之举。在丰田，缺人有缺人的工作方式，管理者可以筛选出无关紧要的工作和必须做的工作，让员工想方设法完成工作。

大野耐一曾讲到，对于丰田的成本领先法则，没有什么经验而言，无非就是尽量减少固定费用的意识而已。"如果现场说需要

100 名员工，就给他们安排 10 名，现场就会被迫想方设法维持生产。所以当他们前来哭诉说没有 100 名无法开展工作时，就给他们安排 10 名左右，然后装做什么都不知道。这样人事方面也能降低 90 个人的成本。"

大野耐一补充说道：如果景气好到来不及生产，现场就会动辄感叹"人手不够""设备不够"，并深信"如果引进更好的机器，就能做更多工作""人员再多，工作有的是啊"，就会倾向设备投资和招聘员工。固定费用一旦增加，只要景气稍差，立刻就会拖经营的后腿，设备过剩、雇用过剩的问题也会随之出现。

在大野耐一看来，降低成本，就需要推行进攻型管理，采取积极的措施。当然，在降低成本的过程中，一定要注意固定费用，一旦过度增加势必会使经营体质变得相对虚弱。因此，大野耐一认为，在制造设备这个方面，应自行制造，哪怕是陈旧的、二手的机器，但凡维护得当，往往就能发挥足够的赚钱能力。在人员这方面也是如此，每个员工应力争成为多面手，掌握尽可能多的技能；不仅如此，为了做到按照所需数量灵活地开展生产，每条生产线不实行定编制，尽可能地做到少人化，根据所需数量调派员工。

丰田从大野耐一主政时期开始，一贯坚持不轻易增加固定费用。大野耐一往往有意识地尽量减少固定费用。正因为如此，丰田才拥有了不易受经济景气好坏左右的强健体质。大野耐一认为，不仅是生产现场，包括行政部门在内的所有部门，一旦缺乏这种意识，那么将无法实现"成本减半"。

为此，大野耐一强调，让行政部门的价值最大化，就必须发挥行政部门的价值，通常的做法就是在行政部门精简时应抽走优秀人员，从而让行政部门其他的业务人员担任几个人的工作。在推动行政部门的"少人化"和"灵活用人化"时，最难的就是"抽走谁"这个问题。只有让出抢手的人员才能做到灵活用人化，如果愿意让出的人员和抢手的人员之间存在明显脱节，就只能是丢包袱，关键的企业力量将无从加强。

在大野耐一看来，抽调人员是为了让员工保持危机感。一般的，管理者让部门负责人列出抽调的名单，榜上有名的想必都是业务最差的人、最没有人缘的人。

大野耐一认为，这样的做法只是做到了少人化，却没做到灵活用人化。倘若要创造新的工作，或者强化弱小部门，一定要抽调优秀的人员。在很多时候，作为负责人，自然不愿意把优秀的人员、绩效很高的员工拱手相让。

例如，以理光 Unitechno 为例，虽然在抽调优秀员工时遭到了各部门负责人的极力反对，但是由总裁和部门经理亲自出马，点名抽调优秀人才，最终成功实现了少人化和灵活用人化。

作为部门经理，其遭遇的阻力之大难以想象，甚至担心自己

"会不会被刺杀"。在大野耐一看来，正是危机感和自强的信念让他
们坚持到最后。

在此案例中，如果部门经理的想法模棱两可，其抽调优秀员工
的工作自然会中途夭折。当优秀人才抽调走了，其他员工慢慢地转
变了——"抽走一名优秀人员，还有后来人"。为此，大野耐一也
常说："精简人员时抽走优秀人员。"的确，对于没有被抽调的员工
而言，无疑是自己成长的绝好机会。

上述案例给中国企业的启示是，但凡因为行政部门的变革头疼
的企业经营者，可以考虑先试着抽走一些员工，且要抽走最优秀的
员工。

当优秀员工抽走后，没有被抽调的员工就会积极主动地开动脑
筋，想方设法完成工作任务，这种磨炼，既能实现成本减半，同时
还能培养人才。

在这个过程中，管理者遭遇反对也不足为奇，但是，如果在反
对面前退缩，就无法实现"成本减半"，恢复企业竞争力也无从谈起。

05 / 并非增加劳动强度，而是通过变革实现少人化

渡边捷昭指出，丰田成本减半战略的成功与否，与改变行政部

门降低成本有非常大的关系，因为高昂的行政费用会导致丰田成本
减半战略的整体执行。

为此，在降低行政部门的成本时，必须整合好行政部门的整体
效率。但是，一种常见的误区就是，一些主管部门一旦听说在行政
部门提高效率，肯定会认为这样会增加行政业务人员的劳动强度。

其实，并非这样，在丰田，常见的做法就是通过成本减半的变
革来实现少人化，从而来达到降低成本，提高效率的目的。

在丰田，有一部分员工大呼："再精简下去就无法开展工作
了。"其实，这是那部分员工对丰田成本减半战略没有理解透。

在追求少人化的过程中，一旦着手抽调人员，管理者肯定遭遇
反对的声音。此时，抽走谁等方面会遭遇相当大的阻力。其中一个
较大的阻力是"无法和以往一样开展工作"。

诚然，从数十人的部门抽走几个员工断然是不会出现问题的，
但是一旦从只有几个人工作的部门抽走一个员工，而且是最优秀的
人员，没有被抽调的员工就会认为"如此一来就无法开展工作了"。

在 2001 年，户坂修在全球十大食品企业之一的日本味之
素公司工作了 30 年。随后，户坂修被日本味之素公司总部任
命为九州工厂的厂长。

然而，让户坂修没有想到的是，户坂修此行的主要任务竟

然是关闭已拥有 60 年历史的九州工厂。

如今的日本味之素公司在全球拥有 114 家分公司，主要生产氨基酸，加工食品、调味料、冷冻食品等等。2011 年全球营业额为 153 亿美元。

日本味之素公司可是一家名副其实的百年企业，创始人铃木三郎助在 1909 年创建。在 1909 年，铃木三郎助将谷氨酸钠（味精）商业化，其后日本味之素公司由单一调味品厂商发展成为世界十大综合食品公司。

从 1999 年起，日本味之素公司也开启了全球化扩展战略，逐渐开始将技术研发和生产线转移到世界各地，其目的是为了更好地降低成本。而日本味之素公司高层管理人员认为，日本九州工厂已经失去了竞争力，下达了在 3 年内关闭九州工厂的命令。这主要是在中国建立新的工厂，其成本仅为日本九州工厂的一半。

毫无疑问，既然九州的竞争优势已经丧失，那么作为九州工厂厂长的户坂修，遵循日本味之素公司总部决定关闭工厂也就成为情理之中的事情。在户坂修看来，关闭工厂要比保留工厂更容易。

然而，户坂修却作出了一个让日本味之素公司总部意外的决定——保留九州工厂。当然，户坂修保留九州工厂的决定基于如下两个原因，见表 2：

表 2　保留九州工厂的两个原因

序号	说　明
（1）	由于九州佐贺是日本较为传统的农业地区，其就业的环境相对欠佳，而九州工厂却拥有大量的年轻员工，如果关闭工厂，就意味着这些工人失业，无疑将对社会造成严重影响。
（2）	一旦关闭日本国内唯一拥有 60 年生产经验的九州工厂，不利于日本味之素公司大力发展味精的战略。

为了能保留九州工厂，户坂修向日本味之素总部建议，压缩九州工厂的一半成本，强化技术研发，把工厂发展成为高端生物工程工厂，从而提升其成本竞争力。户坂修这样做，其目的还是为了保留九州工厂，让九州工厂 "重生"。

在日本企业中，由于实行终身雇佣制，这就决定了人工成本是企业一项固定的成本。户坂修要想削减九州工厂的一半成本，就必须降低员工的人数，即必须将员工配置到合理的岗位上，这就意味着在两年时间内，将九州工厂生产线上的 232 名员工削减到 110 名。

作为九州工厂厂长的户坂修非常清楚，由于日本是一个天然资源极度匮乏的国家，人才是九州工厂唯一可以掌控的战略资源，只能最大限度地调动九州工厂员工的工作积极性和创造性，培养九州工厂员工的主人翁意识，才能减少成本。

户坂修于是做了一个非常合理的决定，降低一半成本，必须从停止雇佣新员工开始，在最短的时间内，让那些技术娴熟的老员工将宝贵的经验和技术传授给年轻员工，但是九州工厂不会解雇任何一名员工。

户坂修的决策起到了成效：（1）仅仅在在 2003—2004 年两年的时间内，九州工厂就有 100 位员工自然退休。（2）户坂修通过建立 13 人改革小组和 10 人后备支援小组，抽调各部门业务骨干领导工厂改革，同时为各部门基层员工留出职业发展空间。（3）改革工厂的生产结构，由职能划分部门转为产品划分部门，加强生产的标准化、多样化。重新审视日常工作，精简不需要的环节，尽量不增加业务外包。保证生产稳定。（4）把人用活，培养多面手员工。①

在户坂修的努力下，从 2001 年 10 月—2004 年 4 月，九州工厂的员工人数由 232 人减少到 110 人。九州工厂用了不到 3年的时间，大幅度降低了成本、提升了竞争力，同时还成为日本味之素公司全球 105 家工厂学习的榜样。

丰田在成本减半战略的过程中，积极地利用余力、也即对有

---

① 《商业评论》编辑部：《拯救濒临倒闭的工厂》，《商业评论》2012 年第 10 期。

余力的人和设备进行创新；或者从根本上抛弃定编的思维模式，根据需求灵活地增减人员；不仅如此，甚至将劳动力费用作为可变费用。

在此次变革中，对于行政部门，只要求行政部门与生产部门一样，推行多面手化、标准化、少人化和灵活用人化的做法是可行的。当然，倘若时间较紧，也可以在具备一定条件的基础上，先抽走一些人员，由其余人员开展工作。

为了更好地协调好行政部门的工作，特别是如果从只有几个人工作的部门抽走一个人，而且是优秀的人员，并且继续让他们沿袭以往的做法，如果做这样也能够运转起来，那么，降低成本的方法就是成功的。反之，在减少人手后如果确实无法承受相同的工作量，或者勉强为之，这样的话，可能会给某个员工造成过重的负担，这样的做法只是增加了劳动强度，而不是真正的成本减半。

为此，丰田在成本减半时，通常对增加劳动强度和变革的差别有着非常清楚的认识。以纺织车间为例，原料纱线频频断线。当管理者发现这个问题后，管理者让员工们参与一场如何才能迅速地把断开的纱线接上的比赛，这样的做法显然是增加员工的劳动强度；管理者需要深入现场，找出断线的真正原因，找出一个不易断线的作业方法，然后再确保这个办法如何生产出不易断的纱线。

管理者后者的做法就是变革。同样，对于行政部门来说，既然是以较少的人员开展工作，就必须变革行政部门业务人员的工作方法。此外，质疑"长期以来从事的工作是否全部都是必需的"也很重要。

确实，在丰田公司，行政部门隐藏着很多浪费行为，丰田前社长张富士夫曾讲过这样一个故事：在他担任生产管理部主管时，曾废寝忘食地预测如果扩大生产将缺多少台机器、有多少需要外购，这一做法却受到了上司大野耐一的当头棒喝："为什么过去的业绩就是将来的基础呢？你有时间做这个，倒不如去现场看看！"

同事都认为张富士夫当时所做的工作非常重要。然而大野耐一却认为张富士夫的做法只不过是纸上谈兵。大野耐一认为，推行变革时，过去的业绩根本说明不了问题。

为此，张富士夫总结经验，在其后丰田的变革中记住了大野耐一的教诲："我们也应该如此严格地要求行政部门。不断收集毫无用处的数据，或者制订并无执行预期的计划，一次又一次地制作相同的资料等，细数之下浪费实在不少。这需要大量印章，抄写费时费力，给后期工序造成过度负担的资料也是问题所在。凡此种种，根本不是为了顾客而工作。由此我们可以认为，由于长期以来从未着手变革，行政部门隐藏着很多浪费。不为顾客着想的工作就是浪费，就应该大胆地舍弃。对于行政部门的变革来说，这尤为重要。"

为此，渡边捷昭也同样重视成本控制。在渡边捷昭看来，尽管行政部门没有与顾客直接打交道，但是，必须培养行政部门业务人员的顾客意识，只有这样，丰田的成本减半战略，才能真正地实现。

毋庸置疑，培养行政部门业务人员的顾客意识的根本在于重新定位行政部门业务人员每天所从事工作的观念。当然，减少一半的人数或时间绝非易事，关键在于不应该理所当然地接受当前的做法，应该经常思考这些问题，由此可以发现成本减半战略的变革点。尤其在抽走人员之后，就会出现"必须想办法解决"的局面，这正好为实现成本减半战略带来新的机会。由此，培养行政部门业务人员的顾客意识，也是能够降低成本的一项强有力的措施。

成立于 1887 年的花王株式会社（Kao Corporation），拥有 126 年的历史，总部位于日本东京都中央区日本桥茅场町。

花王株式会社的前身是 1887 年 6 月开业的"长濑商店"，该商店由长濑富郎创办，位于日本东京都日本桥马喰町，主要经营一些进口的妇女日用品。在 1890 年后，长濑商店开始贩卖洗脸用的高级肥皂，取名为"花王石碱"。而今，花王株式会社拥有员工近 33350 人。在东京日用化学品市场上，花王有较高的知名度，其产品包括美容护理用品、健康护理用品、衣物洗涤及家居清洁用品及工业用化学品等。

然而，可能读者不知道的是，花王是从肥皂开始的，逐渐涉及洗发液、洗衣粉及食用油等等。花王一直从事家庭日用品的制造，其中很多是经过反复做小幅改良的老牌产品为消费者所熟知。

花王能保持24年的业绩连续增长（见图1），其实是经营者不断地改良产品，让产品跟上时代，有时也要做出痛苦的经营抉择。在10多年前，花王经营者曾决定裁掉销售额达800亿日元的软磁盘业务，这样的战略收缩让媒体和研究者大吃一惊。

（亿元）

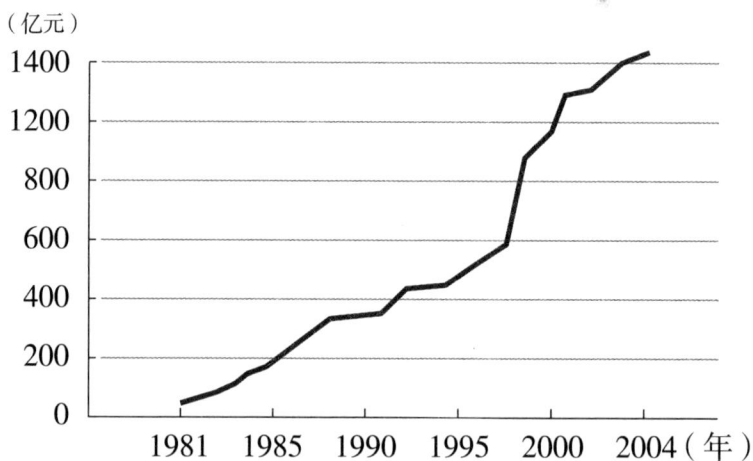

图1 花王保持24年业绩连续增长

媒体和研究者吃惊的原因是，当时花王的软磁盘业务，其市场占有率位居世界第一。然而，随着光碟机等新记录媒体的陆续普及，导致软磁盘业务的收益日益减少。对此，花王株式会社社长尾崎元规在接受日本放送协会记者采访时坦言："因为这项业务超出了本行的日用品范围，因此放弃了，重新把重点集中于家庭日常用品。就公司的成长过程和目标而言，软盘与此格格不入，所以要重返基点，故此我们在撤退问题上取得了共识。"

可能读者会问，为什么花王在遭遇事业撤退的重创后业绩依然维持增长呢？这家长寿企业的优势是什么呢？

资料显示，花王的很多商品独占市场鳌头，洗濯用洗剂的市场占有率达四成以上、漂白剂占七成以上，长年来盘踞首位，其背后是创业以来从未间断过的去污研究。

对于改良，尾崎元规如是说。自创业以来，花王从未间断过对去污技术的研究，每天都要搜集员工制服的衣领，对洗衣粉的洗净能力反复实验。把这分成两半，观察新产品和旧产品去污能力有何不同，不这样就不能对洗净能力做出评价是非常重要的样本。

事实上，作为日用品的洗衣粉市场，竞争十分激烈，技术赶超非常迅速，因此，即便是一点点技术改造，不间断的改良非常重要。一点点、一步步不间断的改良带来的就是市场占有率。如 1987 年上市的这个洗衣粉已经改良过 20 多次了。花王改良的目的是用更少量的洗衣粉将衣服洗得更干净，尽管牌子都是一样的，但是产品却在一点一点改良。

对此，花王集团社长尾崎元规在接受日本放送协会记者采访时坦言："周围环境与时代一起在变化，即使现在很好，环境一变，是否还能维持呢？这就很难说了，要保持信心，时刻临机应变进行变革，对于我们的经营是非常重要的。"

1890 年，花王最初的商品是洗脸用的肥皂，其产品卖点的定位是优良的品质。日本当时生产的肥皂非常粗劣，日本平民通常用它来洗濯衣物。然而，花王生产的肥皂却可以用来洗脸，该肥皂大受日本消费者的欢迎。

花王创造了顾客需求，日本消费者开始用肥皂洗脸，其习惯由此得以推广。尽管花王取得了阶段性胜利，但是花王第二代社长却鞭策因畅销而骄傲自满的员工说："现在的花王肥皂，究竟是否是无与伦比之优良品、已成完美无缺之肥皂乎？肥皂仍然有改良的余地。即使一点点也行，要不断改良。"

在花王第二代社长看来，即使是优良的产品，也有改良的可能。从花王第二代社长开始，花王肥皂的改良延续了百年。

在花王公司，历代社长都在强调和倡导持久改良的作用。历代社长都强调，即使是成熟的产品，也有改良的余地；即使是新产品，必须改良的地方也会不断出现。30 年前，花王率先开设了消费者服务中心，把消费者的声音运用到商品改良上去。

为了更好地改良产品，花王工作人员每天从三百余件的建议和投诉中寻找商品改良的要点。在产品开发会议中，必须有消费者服务中心的成员参加，甚至没有消费者服务中心工作人员的同意，新产品就不能上市。

花王持之以恒的不断改良，其产品已经深入人心，从而也使得消费者更加信赖花王，这便是这家长寿企业的哲学。

花王的案例给中国企业管理者的启示是：尽管作为行政人员，只要提升其顾客意识，也可以有效地降低成本。

当员工在制作资料的工作岗位上接到上级指示后，通常是一丝不苟地制作资料。当然，该员工并不能因为上级有指示，就机械地遵照执行。

为了实现成本减半战略，必须试着站在资料实际使用者的立场上考虑问题，不是把资料工作做好就结束了，而是应该考虑该资料前置的绝大部分工作，比如前期工序、后期工序。

当该员工从资料（属于后期工序）的实际使用者立场出发后，就会有"采用这种方法制作资料是否真的妥当""是否能制作得更易于使用"等诸多考虑。

在很多时候，有些资料的用处根本就不大，但是该员工还是不得不卖力地制作。这样的资料就是极大的浪费。所谓这部分资料、纸料都将变成"死料"（注：日语中"资料""纸料""死料"的发音相同）。因此，作为行政部门员工，需要具备"是否真正为降低成本着想"的观念，只有具备这样的成本观念，才能真正地将成本减半。

第 9 章 | 让员工精于"成本减半"战略

出乎我的意料，在近畿地区，人们并没有把丰田汽车和丰田住宅联系起来。只有给顾客留下深刻印象，才能让他们将我公司和丰田汽车联系起来。如果销售人员缺乏广泛的知识和兴趣，不能和顾客无障碍地沟通，将很难出数字。

——丰田住宅近畿株式会社前总裁　竹马理一郎

01 ╱ 不仅让他们看到数字，还要让他们加以理解

在降低成本，实现成本减半的过程中，有些主管看到下面呈上来的报表，就以为已经取得很大的进展了。

其实，这样的思维存在较大的误区。究其原因，如果要真正地降低成本，就必须改变传统对待成本的认识，只有这样，才能真正地实现成本减半。

当然，对于一线员工，不仅要让他们看到已经取得的成绩，而且更要让他们理解成本减半的真正意图，在许多公司中，目的不清的降低成本会令员工心情沮丧，丰田在推行成本减半战略变革时，"不仅让一线员工看到数字，还要让他们加以理解"是否渗透到整个丰田公司这一点很重要。如果员工们不能正确理解公司所面临的状况，以及成本减半战略的目的，同样就不会明白降低成本的问题

在哪里，也不会明白应该针对什么以及如何加以解决。充其量只是停留在局部上变革一番，无法深入到依托于健康的危机感和自强意识的整体变革和机制变革。

"不仅让一线员工看到数字，还要让他们加以理解"，这是培养员工成本减半战略的成本领先意识，其作用在于让员工明白应该思考什么、力争做到什么，为此，丰田公司确切地告诉员工成本减半战略对于丰田拓展海外市场以及本土竞争的重要性。

当然，降低成本必须制定卓有成效的工作方法、工作过程，这样才能事半功倍，反之，再大的努力也是徒劳。确实，对于任何一个企业来讲，降低成本并不仅仅是局限在节约经费方面，产品销售效率提高也能降低成本。一旦以往销售一件产品所需的成本为10，变革销售工作后能以5个成本售出，就是了不起的"成本减半"。

时任丰田住宅近畿株式会社的竹马理一郎总裁长期致力于将销售工作体系化，努力使建造的汽车能够适应注重感动顾客的时代。

在竹马理一郎看来，销售工作体系化，就是对以往为了每个月的销售数字疲于奔命的销售人员进行再培训，并推动建立机制，使得销售人员在注重数字的同时，也去追求3个月后乃至半年后的销售业绩。

竹马理一郎举例说道："以前有许多顾客来看样板间，却不会当即购买。如果被当月的数字逼得太紧，销售人员就很难以长远的眼光来指导工作。汽车也是这样，如果只关心眼前的顾客，不能以 3 个月后乃至半年后的长远眼光开展工作，所有的奔走都将是徒劳。我认为不能只是鼓动他们努力工作，制定卓有成效的工作方法和工作过程是必不可少的。"

不仅如此，丰田住宅近畿株式会社还对销售人员进行素质培训，以便他们能够应付各种各样的顾客。竹马理一郎坦言："出乎我的意料，在近畿地区，人们并没有把丰田汽车和丰田住宅联系起来。只有给顾客留下深刻印象，才能让他们将我公司和丰田汽车联系起来。如果销售人员缺乏广泛的知识和兴趣，不能和顾客无障碍地沟通，将很难出数字。"

在竹马理一郎看来，丰田住宅式销售工作的体系化和人才培养是他们最为重要的课题。竹马理一郎说道："可视化不是简单地将数字给员工们看就行了，只有让他们理解每一个数字，才能产生同舟共济之感。"

当年，竹马理一郎总裁正在努力使长年饱受业绩下滑之苦的丰田住宅近畿重振雄风。毫无疑问，有付出就有回报，如今终于看到了业绩的改善。

竹马理一郎出任丰田住宅近畿株式会社领导时，的确存在不少问题。由于业绩下滑，出现了节约经费一边倒的情形，由于无力开展太多宣传，销售也很吃力。尽管引发赤字就会使公司雪上加霜，竹马理一郎总裁却硬是在最初的一年绝口不提节约经费的事情。

为了能够博得顾客的满意，丰田住宅近畿株式会社建造能够适应注重感动顾客时代的住房。竹马理一郎说道："我曾经做过顾客满意度调查，结果显示，签订合同的时候顾客满意度最高，并随着施工进行呈下降趋势，最后甚至有人后悔'早知如此就不买了'。如此一来，顾客不可能接受我们的单方面宣传。我认为，只有对施工进行变革，博得顾客满意和信赖后，才能创造下一个工作机会。"

正因为如此，丰田住宅近畿株式会社努力营造安全、高效、美观的现场，努力缩短工期、准时采购构件等，同时努力让施工队拥有同样的想法。

竹马理一郎回忆说道："我就任总裁的时候，曾经有个建筑材料商跟我说，销售住房不同于销售汽车，但我认为是一样的。两者的不同仅在于汽车全部都在工厂生产，而住房的构件由材料商生产，组装则在现场。只要很好地将顾客的需求、现场的需求反馈给材料商和设计人员，就能又快又省地奉献精品住房。做到了这一点，就能博得顾客的满意和信赖。"

在竹马理一郎总裁走马上任时，让专业意识回归到丰田住宅近畿的员工心中。在这一转变的过程中，丰田住宅近畿株式会社最重视与员工的直接对话。

竹马理一郎说道："我们全面讨论了企业存在的价值究竟是什

么、为什么赤字不好、供应住房是如何了不起的事业等话题。如
果忽略这一过程，不管如何抓机制建设，都只是'只得其形未得其
神'。可视化也好，变革也好，关键是让员工们理解其含义。培养
了人才企业才会强大起来。"

竹马理一郎解释说道："即使把数字摆在员工们面前，告诉他
们公司面临严峻的形势，必须节约经费，如果员工们对数字不理解
就毫无意义。由于公司存在大量的赤字，即使节约了一些经费，员
工们仍会觉得'做这些有什么用呢'，反而只会令他们沮丧。大笔
经费当然要节约，但是涉及员工利益的小笔经费我并没有节约。这
两年的努力有了回报，公司状况有了很大起色，只要再努力一把就
会盈利了。就公司环境而言，每个员工都在发自内心地努力降低成
本。现在，我们将降低成本的意义切实传达给员工，让他们各自努
力改善经费。"

在竹马理一郎看来，目的不清的降低成本，只会降低员工执行
成本减半的热情，甚至还令员工们沮丧。究其原因，是因为当员工
理解了"为什么要降低成本"这样的转变才能让员工对丰田产生归
属感。

竹马理一郎总裁因此认为，同样给员工们看数字，其效果存在
天壤之别。只有让员工理解了数字的真正含义，并将他们降低成本
的努力切实反映到各自业绩中去，这样的做法才显得非常重要。因

此，"成本减半"和变革需要员工的理解和认同，领导层必须为此付出努力。缺少了员工的理解和认同，不管如何推动变革，对企业至关重要的人才也将无从培养。

02／从"意识到"转变为"意识到并马上行动"

降低成本不是一句时髦的口头禅，而是实实在在地提升丰田公司竞争力的重要举措。为此，渡边捷昭指出，从"意识到"转变为"意识到并马上行动"，这才是丰田取得最大的制造商的重要因素。

确实，降低成本是一个系统工程，不仅要意识到成本领先的重要性，更要意识到马上行动才是上上策。渡边捷昭由此认为："遇到问题不思考替代方案并不是'担心越俎代庖'，只是转嫁责任。"

大野耐一同样强调，推行变革时，这种托付他人、转嫁责任的态度将会是成本减半战略的最大障碍。少有变革建议的丰田公司员工有着共同特征："只是意识到，而不采取任何行动"或"对与自己没有直接关系的事情视而不见"。成本减半如果只是停留在意识上，那么，降低成本在丰田公司则是一句空话。

对于成本减半，从"意识到"转变为"意识到并马上行动"呢？神户健二认为，"U 型思维"是降低成本的重要原因。

所谓"U"型思维，其实质就是迂回前进。在日本很多企业中，经常采用"U"型决策法。其决策过程是：通常由上层机构提出某个指导思想，经过员工的充分讨论，再提出合理化的改善建议，经过充分的补充后，再回到决策层作出最终抉择。

这样的决策运行轨迹类似英文的大写字母"U"，也因此称为"U"型决策法。当然，日本企业之所以热衷采用"U"型决策法，是因为日本企业经营者发现，但凡企业跳出经营多年的老本行，参与新行业、新产业的竞争，在全新的领域发现机会，仅仅凭借少数几个决策人的决策，通常是很难取得成功的。因此，为了提升员工与企业共存共荣的使命感，同时也因此提高企业的竞争优势。

在很多日本企业中，为了实施"U"型决策法，经营者们试图变革刻板的人事制度，实施企业内招考制度。在这样的背景下，每个员工都可以根据决策的需求、部门职务的空缺和自己的能力，直接向人事部经理申请报考。

在"松下"电器公司，为了鼓励员工创新，专门建立了一套"企业内部风险制度"，该制度规定：谁提出好的建议，拿出好的方案，谁就可以出面"组阁"。在改革陈旧人事管理制度的同时，他们还对包括参与决策在内成绩出众的生产经营者，给予物质和精神上的双重奖励。在物质方面，加大一年两次奖金的数额，再额外增加红利及合理化建议专项资金人；同时，把参与决策的成绩作为晋级加薪考核的依据之一。这与韩国企业 Kakao 的做法有些类似。

在东亚文化中，特别是以中国文化为代表的等级制度不仅影响了企业管理，同时还影响了企业的升级和变革。

受中国文化影响较深的韩国，这样的森严等级文化依然影响到企业的经营管理。然而，Kakao 却打破了这个传统，践行创客模式。

翻阅 Kakao 企业的很多报道，几乎都能看到类似的内容——Kakao Talk 产品的研发是由一个 4 人团队完成的，仅仅用时 60 天。

Kakao 是知名移动互联网公司，主打产品是移动聊天工具 Kakao Talk。Kakao Talk 是一款来自韩国的由中国腾讯担任第二大股东的免费聊天软件，类似于 QQ 微信的聊天软件，可供 iPhone、Android、WP、黑莓等智能手机之间通信的应用程序。Kakao 总注册用户数 6200 万。每日信息发送数量是韩国三大运营商短信总数的三倍。在韩国智能手机 55% 的市场渗透率中，95% 是 Kakao 的用户。

与 Whats App 55 人的团队相比，Kakao 的 4 人团队规模显然要小很多。这样的看法有一定合理性，但是并不客观。因为这与 Kakao 实行 "4+2" 创客模式有关，在推出 Kakao Talk 时，"Kakao 这家公司一共开发和推广了 52 款智能手机服务"。这样的事实说明，Kakao 是一家底层设计迭代的公司。

在创业之初，Kakao Talk 只是由 4 个人开发出来的一款非常简单的应用而已，但是却蕴含了革新的创客模式。

在 Kakao，没有设置中高层干部，也没有社长、部长、次长之类的等级职务，只有三个层级：CEO、部长（职能部门负责人或项目组组长）、组员。

尽管 Kakao 目前拥有 600 多个员工，但是部长和组员之间几乎没有实际上的层级区别。上至董事长、CEO 下至普通一线员工，互相之间都直接呼对方的英文名，从不以职务相称。不仅如此，员工经常在两个层级之间发生位置变换。一旦组建一个新的创新项目，曾经在上一个创新项目中担任部长一职的员工甚至因为其所拥有的技术特征，在新创新项目组中成为组员，提出创新项目的普通员工则可能成为此次团队的组长。

众所周知，受中国文化影响的亚洲传统企业，极度忌讳越级上报。不过，Kakao 的员工们却把越级上报变成了一种常态。只要有新的创新项目，任何一个员工都可以直接向 CEO 层级的领导者陈述自己的创新项目。一旦创新项目被 CEO 层级的领导者采纳，那么该员工就会成为该项目的带队组长。Kakao 这样的激励手段极大地激发了员工的创新热情。

在精神激励的同时，薪水的驱动自然是少不了的。2015 年 7月 14 日，据韩国招聘求职门户网站"saramin"公开的数据资料显示，2014 年销售额排名前 30 的风险企业中，Daum Kakao 员工的年薪最高，平均为 1.75 亿韩元（约合人民币 95 万元）。

可能读者会好奇地问，Kakao 没有等级制度，那么以什么样的标准来衡量 Kakao 员工的个人薪资呢？

答案是，Kakao 凭借"4+2"创客模式。所谓"4+2"是指，即每一个创新产品小组由 4 个人组成，其中包含一个产品经理、两个程序员和一个设计师。这 4 个组员会密集地专注创新项目的开发，一旦创新项目在两个月后没有明显的成效，那么该小组就会立即舍弃，更换下一个创新项目。

这样的做法，足以说明 Kakao 是一个典型的快速迭代的团队模式，每一位员工都是小团体中的一员。每一个小团体工作无疑非常简单，即在 Kakao Talk 母体上，研发更多的创新型产品。

由 4 个人组成的小团队，加上两个月的试错期，极大地提高了 Kakao 在各种创新产品试错上的效率。这样轻量级的研发团队模式反映到产品上，不太可能过于复杂，也不能超过 4 个人和两个月的承载量。其团队模式让过去存在于团队中的各种利益纠葛，简化到了最低。

在互联网时代，任何产品的风格都崇尚极简主义，这也是移动互联网时代用户最推崇的产品体验。Kakao 在降低团队小组冗余的同时，也降低了创新产品的冗余。当然，这主要源于 Kakao 内部，一旦"4+2"小组成为 Kakao 的一个创业团体，便是一荣俱荣、一损俱损。

对于这样的做法，Kakao 联合创始人李帝范就坦言："Kakao 骨子里透着真正的创业精神。员工能够对新项目迅速做出行动和反馈。如果失败了，小组会修改战略再次挑战，这是 Kakao 的经营文化。在有着多种机会和危险因素的情况下，与筹划蓝图相比，这种运行方式的成功率更高。"

为此，神户健二认为："每个人都会在工作过程中觉得难以驾驭或产生不满，如果听之任之，就会引发不服不满和牢骚。我对员工们说，那种时候应该考虑'如何才能更省力'，这种对策将转化为变革建议。不要因为它是变革建议而想得太复杂，只需针对平时感受到的小事情考虑'怎么办'，就会涌现无数变革方案。"

虽然有些员工能够意识到这个问题，但是仅凭一己之力是很难形成改善方案的，还需要诸多专业的技术知识。神户健二出任总裁后，理光 Unitechno 通过实施三人合作的建议制度解决了整个问题。

所谓"三人合作"，就是发现问题的人、出点子的人、使点子付诸有形的人，也就是"三个臭皮匠赛过诸葛亮"式策略，使得大家都参与变革。变革并非凭借众多员工中的极少一部分人的点子就能实现，只有大家集思广益，变革才能持之以恒。

从"意识到"转变为"意识到并马上行动"，这是丰田成本减半战略所倡导的，如果丰田只是意识到成本领先的重要性，而不去执行，那么丰田将会被高昂的成本所拖累，为此，在执行成本减半战略时，辅之以具体行动，这样就不会引发情绪问题了。当然，与"变革需要众人参与"同等重要的是尽快将变革方案付诸实施的行动能力。

渡边捷昭曾听到某制造商的干部说道："不可否认，即使在同一工厂内，有些员工对外部制造现场采取'事不关己，高高挂起'的态度。如果不让他们进行小小的争吵，不会相互启发，更重要的是不会产生齐心协力搞好车间、使其强大起来的同舟共济感。从指出问题到加以研究到采取行动，凡事只要辅以具体行动，绝不会引发情绪问题，这是我的看法。"

该干部介绍称，公司有一份值班科长填写的"值班日志"，其中新增了"巡视所见"一栏。作为值班科长，完全可以根据自己的判断，随心所欲地填写自己注意到的情况。

在实施最初，值班科长填写的都是一些不着边际的内容，但是随着逐渐推广开来，值班科长所到之处留意到的问题、有欠完善的地方、应该变革的事项都被一一地详细记录了下来。

每天早晨，所有管理人员都会查看这份值班日志，对值班日志中所反映出的问题，管理者针对其中指出的事项用红笔批示"具体应该如何处理"。这种做法的关键在于看过值班日志的管理人员判断"具体应该如何处理"，并尽快付诸实施。

当然，一旦"只是记录下来""只是看过"，却对问题束之高阁，没有付诸任何行动，对值班班长提出的问题只是横加指责，被指出问题的一方也会说"多管闲事"，彼此闹情绪。因此，渡边捷昭指出，丰田的成本减半战略不是一句套话，而是上升到战略高度的理念，当然，真正实现成本减半仍然需要强大的执行力。在日本的企业中，一些领导者在年终总结会上，大谈来年加大力度实施成本减半战略，而真正到来年的时候，当初降低成本的豪言壮语就忘记了。然而，在丰田公司，对于成本减半战略，不仅要意识到，而且马上就要实施成本减半战略，这就是丰田打败通用汽车的一个重要因素。

事实证明，成本战略对于整个丰田公司来说是非常重要的，而且还是一个长远的、系统的工程，尽管靠杜绝浪费等眼前的问题并逐一加以解决，然而"成本减半"这种艰巨的目标仅靠杜绝浪费是无法实现的。丰田必须切实以目标与现状的差距为课题，开动脑筋思考如何才能实现，也即推行"解决课题型变革"。为此，重点在于培养能够准确把握某种现象所隐含课题的员工集体。

Aisin 轻金属的白鸟总裁是这样要求员工的："我不会接受显示'进展如此顺利'的业务报告，如果报告缺乏'还有这么多课题'的课题认识我是不会认可的。我年轻时接受的教育是在对事物进行思考时，应该'站在高 2 级的立场上考虑'，所以我也是这么要求员工的。想要在全球性竞争中胜出，必须同时提高个人竞争力和组织竞争力。"

在白鸟总裁看来，想要使公司具备竞争力，还需要让员工挑战略有难度的课题，通过挑战，个人和组织都会越发强大。

在管理实践中，白鸟总裁强调，相信员工们的潜力，绝不轻易辞退人才，一旦辞退所需人才，组织的竞争力自然也会下降。

03／对现场管理的关注应逐步加强

为了让员工养成节约成本的意识，丰田还让财务部编了一本生产流程与成本控制手册。该手册从原材料、电、水、印刷用品、劳保用品、电话、办公用品、设备和其他易耗品方面提出控制成本的方法。但是，丰田绝对不会机械地安排资金，比如销售费用，这是不可控的。而设计费用，也是需要投入的。

另外，渡边捷昭还发现，有效地激励也是成本控制的好办法。于是，成本控制奖励也成为员工工资的一部分。

事实上，丰田部分员工对现场的关注和兴趣正逐渐淡薄，渡边捷昭指出："如果心存疑虑，或者不知道该如何是好，或者想到什么点子，就去现场看看。现场才是学习的地方。而且看过现场之后，就能判断出自己所考虑的事情是好是坏。这就会引出新的问题，工作就是这样。"

对于现场管理，大野耐一在接受《每日新闻》的采访中提到，丰田式变革以现场为一切之根本。可以在大脑中构思，也不妨纸上谈兵，但最后的判断必须基于实地实物。

在大野耐一看来，"实地实物实际"。尽管许多企业都在强调现场的重要性，而实际却轻视现场，与现场相背离。

某制造商的干部坦言，部分员工"对现场的关注和兴趣逐渐淡薄"也是增加成本的原因之一，对此深表忧心。该公司的生产活动也点滴吸收"实地实物实景"的"三实主义潮流"。

原因是，"现在年轻的操作员虽然眼睛盯着 CRT 屏幕，对现场发生的现象却了无兴趣，漠不关心"。

事实上，随着信息技术的普及，导致了员工对现场关注的淡薄。为此，该干部呼吁，"再次强调主张所有情况在现场的现场主义，加以贯彻落实"。

为此，该干部强调，生产制造部门如何持续改善现场、持续减少浪费、降低成本、提高生产效率、提升品质成为衡量企业树立行业竞争优势的重要标准之一；作为生产部门的相关人员只有掌握并运用先进的现场管理技术，通过建立全员、全方位、全过程的责任成本管理体系，才能持续降低成本、提高生产效率、改善工作效率,最终为企业获取倍增的利润。当然,现场管理必须值得信赖并发挥真正价值的是五感。

该干部还认为"可能因为现在的年轻人从小的亲身经历和切身体会太少,这方面的影响很大"。

在以前,孩子们在钓鱼时,从渔竿到坠子、浮子,全部都会自己亲手制作,孩子在这种创造东西的游戏中不知不觉就学会了技能。

如今,随着时代的变化,年轻的员工从小就习惯玩电脑游戏,更愿意操作电脑,甚至都没有用小刀削东西等用手和肢体制造玩具的经历。一旦这样的年轻员工来到制造现场,对现场的兴趣就不会太大,始终只是面对 CRT 屏幕进行操作。

面对这样的问题,渡边捷昭对此深表忧心。其实,不管是计算机化、自动化发展到何种程度,制造业在根本上少不了依赖于切身体会和亲身经历的、充满现场感觉的"娴熟本领"。例如,温度、振动、声音、压力、气味、颜色等现象不可能通过管理办公室的CRT 屏幕尽数把握,只有操作员发挥人的五感,才能真正接近事物原貌。尤其是在发生故障、出现紧急情况时,只有五感才能发挥真正价值。

在渡边捷昭看来,员工要亲身去经历、切身去体会,很多技能是很难用言语来表达的。为此,渡边捷昭说道:"与其争论不休,不如先让他们去切身体会，让他们嘻嘻哈哈开心地工作。"

丰田十分重视现场管理，对各个制造现场的通用设施，制定了标准的工作流程。所谓通用设施，是指安装在工厂管理办公室的可以随意感知温度、振动的设备，员工通过屏幕察看其温度和振动，就能由屏幕指针的细微移动来判断是否正常。

第 10 章 | 不要满足于已有的"成本减半"成果

一个不容忽视的问题就是，在日本国内生产势必增加产品的成本，因为东南亚生产同样的产品，其价格要低30％。由于在日本本土生产，其价格方面没有绝对优势，一旦生产效率较低，那么必将面临重大挑战。或者尽管具备了生产能力，但是由于品种较多，换产调整时间也相对较长，生产效率每况愈下。

——丰田前社长　渡边捷昭

01 / 不要满足于"成本减半"

提高丰田的竞争力，必须实现最低廉的"行情成本"，这样才能从根本上提升丰田的行业竞争优势，当然变革的目的就是要降低成本。渡边捷昭在接受《华尔街日报》采访时强调，"我们原本可以对东南亚产品的材料、加工方法、劳动力成本等进行周密的调查，有针对性地提出数十个课题，然后逐一地考虑降低成本的办法。"

这样的做法将面临"今后是否依然在日本生产"这一关键性的考验。如果以东南亚的价格为"行情成本"来推动降低整体成本变革，比如，丰田公司想要降低当前成本的50%，并获得盈利，其可行的办法就是降低每个流程上的成本。

当发现在以往不管如何拼命变革都没能实现成本减半的目标，那么降低当前成本同样也是很难实现的。

当然，由于有些人对"行情成本"的看法也不尽相同，日本经济学家和田茂穗认为，贸然将成本最低廉的东南亚作为比较对象有些轻率，应该制定更实际的成本减半的战略目标。但是，也有研究者认为，缩小每个月的赤字幅度的策略对于企业的发展更为稳健。

也有研究者认为，对于任何一个企业来说，必须在竞争中克敌制胜，而不是为了苟延残喘。作为企业力争威风八面，基于此，势必挑选最低廉的"行情成本"作为自己的降低成本的目标，也必须大幅提高产量，否则降低成本的变革就毫无意义。

渡边捷昭强调，丰田通过缩短换产调整时间、缩短前置时间、减少库存等变革。有些部门在变革半年后即扭亏为盈。为了确保产品所需的数量，接下来的一个月，盈利进一步增加，"严苛"的劳动时间也缩短了，价格也达到了足够与东南亚国家抗衡的水平。

虽然丰田取得了不菲的成绩，但是渡边捷昭的做法遭到了美国《商业周刊》的质疑。《商业周刊》批评说："对于出任丰田汽车社长 21 个月的渡边捷昭来说，满意于成为领跑者最终会使自己骄傲自满，对此必须非常警惕。"

《商业周刊》还指出："渡边捷昭自 2005 年 6 月从张富士夫手中接过丰田汽车最高领导人权杖，时年 65 岁的他因沉稳自信、斗志坚韧和对丰田事务的敏锐理解赢得了人们的肯定。这并不应该令人感到特别惊奇。毕竟，渡边捷昭 1964 年从庆应义塾大学经济学专业毕业后就进入了丰田汽车。1999 年，他被任命为公司计划编制部门的总经理。随后，他参与制定了丰田'面向 21 世纪的成本竞争建设'计划，该项目为公司节约了 100 亿美元的资金。直到他成为 CEO，丰田汽车的市场销售额已经增长两倍，达到 2450 亿美元。"

在美国《商业周刊》的质疑中不难看出，在出任丰田社长不到两年的时间里，渡边捷昭就被无所不在的挑战包围——不断增加的汽车召回事件已经破坏了丰田汽车的声誉；此刻，丰田汽车即将取代通用汽车成为排名世界第一的汽车制造商；此刻，丰田汽车把所有的精力都用在了美国和日本市场上。

正如渡边捷昭强调的那样："一个不容忽视的问题就是，在日本国内生产势必增加产品的成本，因为东南亚生产同样的产品，其价格要低 30%，由于在日本本土生产，其价格方面没有绝对的优势，一旦生产效率变低，那么必将面临重大挑战。或者尽管具备了生产能力，但是由于品种较多，换产调整时间也相对较长，年生产效率每况愈下。"

面对困境，渡边捷昭回忆说道："在此情形下，有人提出放弃日本本土生产，将生产点转移到东南亚。与之不同的是，公司领导层却'希望尽量在日本国内生产'，这样的观点促成了我的变革决心。当我参观了工厂之后，看到就是浪费太多，时间的浪费更甚。

一旦换产，调整需要时间。比如，早晨 8 点开工，最初的 30 分钟只能眼巴巴地等着机器运转起来，如果机器运转起来需要那么长时间，管理人员何不早到 30 分钟打开机器开关呢？上班时间也长得惊人，丰田成本减半所说的'动作与工作'混杂其中，只要使动作转变为工作，就能充分提高生产效率。浪费如此之多，一定程度的变革马上就能进行，问题在于如何降低成本，贯彻按照所需数量生产的'限量经营'。"

在渡边捷昭看来，丰田成本减半战略实现之后还有新的课题，因为许多企业一旦做到成本降低时，其变革动力就降低了。碰到这种情况，渡边捷昭进一步指出："我就会以'变革获得了一定进展，让我们检验一下现在的实力吧'来鼓动领导层。检验实力的方法有很多，可以寻找更强大的对手作标杆管理，价格也好，产品的生产方法也好，当然，值得提醒的就是，丰田公司依然存在太多应该变革的地方，想要在同行业中独占鳌头，必须进一步缩短或减少换产调整时间、库存、前置时间等。另外还存在加工的问题、生产与销量挂钩等问题。"

在渡边捷昭看来，丰田能够实现与东南亚抗衡的产品价格虽然很重要，但是却并非全部。只要实行东南亚绝难仿效的生产活动，就能在竞争中所向披靡。说到"力争成本减半"，经营者往往只关注产品价格，一旦获得了价格竞争力，就对变革丧失动力。其实，关键在于之后，在于如何获得睥睨侪辈的"生产能力"。满足于"成本减半"不会带来真正的"生产能力"。

02╱共享健康的危机意识

丰田汽车公司的销量一直处于良好的上升势头，尽管如此，渡边捷昭却依然保持着那份"众人皆醉我独醒"的清醒。

渡边捷昭在一个汽车年度会议上说："丰田正面临很大压力，这些压力除了来自不断增长的销售和利润目标以外，还来自环保、全球化，以及为将来的竞争储备人才等等。"

渡边捷昭继续说道："丰田必须防止员工由于近期的成功产生骄傲自满的情绪，另外还要注意人才结构上的多样性。为此，丰田已经加速将研发、设计以及工程等方面的职能向北美和其他地区转移。为了培养下一代的领导，丰田开始实行每年两周的培训计划。其中一周是学习丰田独特的生产系统，另外一周是在美国沃顿商学院进修。我们努力在每一个区域培养本土的领导者。"

在渡边捷昭看来，对于大力降低成本，领导本人必须竭尽全力。在日本企业界，经历过艰难时期的阪口总裁却对企业将来的发展有着深深的担忧。虽然泡沫经济的景气带来了良好的业绩，阪口总裁却认为，经济不会长盛不衰，更重要的是，过往的做法总有一天将无法适应住宅公司交货的方法和顾客需求的多样化。

在阪口总裁看来，由于产品种类少，通过大量生产的方式进行大批量生产，其后存放在仓库里。一旦产品种类多样化，就可能会出现问题——虽然有库存产品，但是客户订购的产品却没有，生产的产品也销售不出去的问题。因此，阪口总裁认为，只有不依赖于库存，转而按照需求进行单件生产，才能免于今后被淘汰。

阪口总裁坦言："如果企业不能在交货期、质量、成本方面显出明确的特色，将很难维持生存，有特色的企业就有需求。"

基于此，要想生存和发展，领导者必须亲自上阵尝试全新的生产方式，如果领导本人不竭尽全力，这样的变革将寸步难行。同样，领导必须对本公司的将来抱有健康的危机意识，并亲力亲为。

关于如何居安思危，丰田社长渡边捷昭非常重视，2007年2月16日，渡边捷昭针对上述相关问题在丰田汽车总部接受了《商业周刊》驻东京记者伊恩·罗利的采访。以下是谈话节录：

记者：从你接任社长到现在已经20个月了。在这段期间你觉得有什么变化？

渡边捷昭：我做的和我当初所想的基本一致。我的关注点集中在丰田汽车迅速成长上。为此，我认为我们需要在三个主要方面巩固商业基础。第一个方面，就是公司确保产品质量；第二就是加速致力于研究和发展；第三，在实现这些目标后，我们需要尽全力在全球范围内培养人才。丰田不能寄希望于在没有提高质量的前提下实现快速增长。对这一点，我始终很清楚。

记者：你在上任之初曾经谈到很多关于"大公司病"和安逸的风险这样的问题。这些担心还有吗？

渡边捷昭：我强烈号召（员工）能够勤勉工作以稳固我们的组织。为此，制定了更多巩固基础的要点。现在，我们已经有所进步，"弊病"也已经减少。

记者：但是依然还有很多工作要做吧？

渡边捷昭："大公司病"最可怕的症状就是安逸思想会在公司发芽。满意于成为领跑者最终会使自己骄傲自满，对此我们必须非常警惕。前面依然有那么多的挑战和问题在等着我们。每个人都（需要）有挑战这些难题的心理准备。一定要找到问题，不仅仅在日本本土找问题，我们在全世界的相关事务都需要如此对待。

记者：很长一段时间以来，丰田都是一路高歌。事实上，现在很多丰田的管理层都从未经历过困难期。怎样才能让年轻的管理者相信成功来之不易呢？

渡边捷昭：这正是我管理思想中很重要的关键一点，即如何让我们的传统在丰田汽车新一代中继续传承下去。只要在目前情况下做到这点，其他事情便可迎刃而解。事必躬亲是关键。这也很容易理解，当遇到问题，管理者就必须亲自去了解事情的真相，看看为什么会出现这样的问题，而事情的关键就在于去教会他们鉴别问题并解决问题的能力。

记者：你能举个例子说说是如何居安思危的吗？

渡边捷昭：质量问题，我认为可以作为一个很好的例子。当出现质量问题的时候，我们不得不召回一批汽车，我们要做很多努力去结束这件事情。如果有人发掘事故原因并努力探究为什么会出现这些问题，那么问题便会更加清晰地呈现在我们面前。

我们细察产品，研究是否给予了产品从设计到实际生产足够的时间，是否给予了足够的时间进行验证、测试，以确保任何一个研发项目最终没有质量问题。最终，一些项目我们决定多给 6 个月的研制时间，有些项目则多给 3 个月的研制时间等等。由此，质量方面的改进正在稳步进行。

记者：那么除去近期的召回事件，质量问题是否已解决？

渡边捷昭：在生产的新车型中，结果还是令人满意的，但是旧车型仍存在一些质量问题。针对在美国市场上的皮卡以及其他一些问题车型，我们正在加强对车型的检查以便尽早发现情况并及时解决。早期检查和及时召回决定是关键，我们毫不犹豫地召回这些问题车辆，这对顾客来说是很重要的保障。与其在召回前延长处理期限，或认为问题并不严重，不如事先把服务做到位，把问题在前期解决好。

记者：关于丰田价值创新（VI）活动计划，其削减成本计划进展如何了？

渡边捷昭：截至现在，我们还没有一辆车能够体现这些活动的效果。价值创新活动中包含的设计理念或设计方法的变更需要一点时间。有时我们会从供应商那边得到一些灵感，并将这些想法转变成设计。有些案例，常常需要不止一个而是几个供应商的协同合作。

共享健康的危机意识是推进成本减半战略的重要举措，事实证明，成本减半战略的顺利执行与否，关键在于行动与否，对于"什么是危机意识"，阪口总裁是这么回答的："不满足于现状，对未来抱有希望，并实际采取行动。想得再好，不付诸行动就毫无意义。当然，所谓危机，如果等到被迫考虑明天的资金来源之时就为时已晚，应当在恰当的时候抱有危机意识。"

在中国企业中，华为创始人任正非的危机意识就非常强。"居安思危"一直是任正非在讲话中极为重要的一个部分，不论是《华为的红旗还能打多久》《华为的冬天》，还是《华为要做追上特斯拉的大乌龟》，强烈的危机感一直贯穿其中。而这种危机感的产生，就使得华为内部激发活力，不断迎接挑战，缓解各种各样外部不利因素的影响，最后完全生存下来。①

　　在中国伟大的企业家中，任正非是一个具有忧患意识的企业家，在华为的发展过程中，任正非浓浓的危机意识渗透在华为的经营管理中，如同任正非所言："10 多年来，我天天思考的都是失败，对成功视而不见，也没有什么荣誉感、自豪感，而是危机感。也许是这样才存活了 10 多年，失败这一天一定会到来，大家要准备迎接，这是我从不动摇的看法，这是历史规律。"

　　正是任正非强烈的危机感让华为在行业竞争中闯过数不胜数的险滩和暗礁；正是任正非浓浓的危机意识，打造了华为从一家深圳小企业到世界网络设备供应商的奇迹；正是"华为没有成功，只有成长"的居安思危思维，使之成为华为变革的推动力。对此，任正非说："因为优秀，所以死亡。创业难，守业难，知难不难。高科技企业以往的成功，往往是失败之母，在这瞬息万变的信息社会，唯有惶者才能生存。"

---

　　① 　梁薇薇：《华为放弃美国被唱衰：是匹饱富乌龟精神的"狼"》，《中国产经新闻报》，2014-01-16。

当我在翻阅 10 多年来任正非的讲话时发现，在华为的成长过程中，无时不在地体现任正非的"危机意识"。北京大学国家发展研究院、北大国际（BiMBA）院长杨壮教授在接受媒体采访时坦言："任正非不断提到华为的冬天，不断提到竞争，危机意识成为优秀企业家的基因。正如微软的比尔·盖茨、三星的李健熙。"

在杨壮看来，华为的成功主要源于任正非的冬天危机。根据公开的年报数据显示，2016 年，华为运营商、企业、终端三大业务在 2015 年的基础上稳步增长，实现 2016 年全球销售收入 5216 亿元（人民币，下同），同比增长 32%，全年净利润为 371 亿元，同比增长 0.4%。

从这组数据可以看出，华为如今已经成为通信行业的巨人。然而，在华为的发展过程中，居安思危的意识都植入华为的每个员工的大脑中。在很多场合下，任正非都将"温水煮青蛙"的悲剧来警示华为的员工。对于"温水煮青蛙"的这个实验，我敢肯定的是，任正非是非常熟悉的，也是非常警惕的。

在《北国之春》一文中，任正非是这样开头的：

我曾听过数百次《北国之春》，每一次都热泪盈眶，都为其朴实无华的歌词所震撼。《北国之春》原作者的创作之意是歌颂创业者和奋斗者的，而不是当今青年人误认为的一首情歌。

在樱花盛开春光明媚的时节，我们踏上了日本的国土。此次东瀛之行，我们不是来感受异国春天的气息，欣赏漫山遍野的樱花，而是为了来学习度过冬天的经验。

一踏上日本国土，给我的第一印象还是与十年前一样宁静、祥和、清洁、富裕与舒适。从偏远的农村，到繁华的大城市，街道还是那样整洁，所到之处还是那样井然有序；人还是那样慈祥、和善、彬彬有礼，脚步还是那样匆匆；从拉面店的服务员，到乡村小旅馆的老太太，再到大公司的上班族，……所有人都这么平和、乐观和敬业，他们是如此地珍惜自己的工作，如此地珍惜为他人服务的机会，工作似乎是他们最高的享受，没有任何躁动、不满与怨气。在我看来，日本仍然是十年前的日本，日本人还是十年前的日本人。

但谁能想到，这十年间日本经受了战后最严寒和最漫长的冬天。正因为现在的所见所闻，是建立在这么长时间的低增长时期的基础上，这使我感受尤深。日本绝大多数企业，近八年没有增加过工资，但社会治安却比北欧还好，真是让人赞叹。日本经济一旦重新起飞，这样的基础一定让它一飞冲天。华为若连续遭遇两个冬天，就不知道华为人是否还会平静，沉着应对，克服困难，期盼春天。

日本从 20 世纪 90 年代初起，连续十年低增长、零增长、负增长……这个冬天太长了。日本企业是如何度过来的？他们遇到了什么困难？有些什么经验？能给我们什么启示？

这是我们赴日访问的目的所在。

华为经历了十年高速发展，能不能长期持续发展，会不会遭遇低增长，甚至是长时间的低增长；企业的结构与管理上存在什么问题；员工在和平时期快速晋升，能否经受得起冬天的严寒；快速发展中的现金流会不会中断，如在江河凝固时，有涓涓细流，不致使企业处于完全停滞……这些都是企业领导人应预先研究的。

华为总会有冬天，准备好棉衣，比不准备好。我们该如何应对华为的冬天？这是我们在日本时时思索和讨论的话题。

在任正非的文章中，《北国之春》是任正非典型危机思维的代表作。2004 年 10 月 19 日，任正非出访和考察日本，归国后任正非总结了此次考察的目的。正如任正非所言，此次赴日考察并非为了感受异国春天的气息，欣赏漫山遍野的樱花，而是为了学习日本度过冬天的经验，即便是今日仍然具有现实意义。

在内部讲话中，危机是任正非提过频率最高的词语。任正非坦言："历史给予华为机会，我们要防微杜渐、居安思危，才能长治久安。如果我们为当前的繁荣、发展所迷惑，看不见各种潜伏着的危机，我们就会像在冷水中不知大难将至的青蛙一样，最后在水深火热中魂归九天。"

当华为取得较好业绩时，清醒的任正非告诫华为人说："华为没有成功，只有成长。"任正非的理由是："由于资金的不平衡，公司一次又一次地面临危机，一次又一次被推到危险的边缘。是谁挽救了公司，是什么神暗中保佑？是集体奋斗之神，是数千员工及家属之魂，由此托起的气场保佑了公司。尤其是在市场部'胜则举杯相庆，败则拼死相救'的工作原则感召下，多少英雄儿女放弃科学家梦，一批又一批奔赴前线。"

在丰田，不管是渡边捷昭，还是丰田章男，其危机意识都非常浓厚。在之前的前副社长大野耐一也是如此，他曾说过："忘掉昨天，不考虑明天，认为今天的做法很差。"在大野耐一看来，不满足于现状，经常思考"有没有更好的做法"，才能做到"日常变革、日常实践"。一旦危机意识不辅以行动，就会停留在"糟糕！怎么办？"这样的做法称不上健康的危机意识。因此，作为经营者，只有不满足于现状，不断地思考，并实际采取行动，危机意识才能转化为机遇。

03 / 推行成本减半战略时，领导应有坚持到底的心理准备

渡边捷昭在接受《华尔街日报》时强调，很少有人在做出成本变革的决定后能坚持到底。变化是不容易的，渡边捷昭说过即便是有着强烈的自尊心、坚定的主张和钢铁一般意志的老兵也不例外。因此，渡边捷昭在接受《华尔街日报》时强调，在丰田，推行成本减半战略时，领导应有坚持到底的心理准备。确实，推行变革，尤其是为实现成本减半而坚持"解决课题型变革"时，作为领导者，应发挥其举足轻重的作用。

在丰田的降低成本变革中，渡边捷昭亲力亲为。在日本企业界，阪口总裁也同样重视，不仅口头作出指示，甚至还亲自切割钢铁、焊接，晚上工作到很晚。

为了努力推行变革，渡边捷昭和阪口总裁的做法实属难得。不过，在多数企业经营者中，他们会组建项目组来推行变革。此刻，领导者具备三种心理准备。

第一，制定降低成本的具体目标。

有些上司在给员工下达指示时，通常不会交代具体内容，只用一句"好好干"就打发了。这样的上司就等于什么都不考虑，尽数丢给下属了。当然，一旦全部工作交由下属完成，自己承担责任还

算称职，偏偏就是这种上司，一旦听到不动听的话，就会托辞逃避"已经交给你处理了，与我无关"。在这里，我们从一个真实案例开始谈起。

位于中关村的 L 公司，不仅有着便利的地理位置，而且销售的是国际知名品牌联想公司的 Thinkpad 笔记本电脑，生意异常火爆。

在很多时候，都是先送笔记本电脑，再快递发票。2012年 4 月 11 日，该门市部门销售经理刘迪吩咐店员王晓燕，让王晓燕打电话叫快递公司给他们送 20 台笔记本电脑的发票到位于长安街的 D 公司财务部总监何启。

王晓燕先和刘迪确认了 D 公司的具体地址，及 D 公司财务部总监何启的姓名后，王晓燕就打电话叫快递员过来取快件，5 分钟后，给 D 公司财务部总监何启快递 20 台笔记本电脑的发票的事情就处理了。

然而，两天后，D 公司财务部总监何启打电话给刘迪，说："我没收到 20 台笔记本电脑的发票。"并让刘迪查询一下快递公司。

刘迪放下电话，马上询问王晓燕快递 20 台笔记本电脑的发票的事情。

王晓燕再次说明 20 台笔记本电脑的发票已经按照刘迪确定的地址寄出，并拿出快递回执单证明。

刘迪对照了快递回执单和自己给出的地址之后，马上意识到是自己把地址搞错了。但是刘迪却说："小王，你一个女孩子，交给你的工作一点也不细心，真够马虎的，地址错了怎么不告诉我。"

王晓燕不知所措地回答道："邮寄之前我跟您确认过地址，当时您说肯定是正确的。"

"推卸责任，狡辩！小王，你这样做是不对的！"刘迪马上批评王晓燕道。

王晓燕知道，无论自己如何解释，也没有用，只好委屈地说："刘经理，我知道'错'了，今后一定改正。"

"这就对了，小王。工作就应该像你这样，要勇于承担责任。"刘迪得意地说。

反观上述情景再现案例，我们却只能看见 L 公司门市部门销售经理刘迪在推卸责任，这样的门市销售经理竟然没有丝毫承担责任的担当。

更加荒唐的是，作为门市销售经理自己做错了事情，居然还训斥并教导自己的下属要"勇于承担责任"。

事实上，作为领导者，刘迪不但不站出来承担自己应当承担的责任，相反还大言不惭地批评下属，并在下属面前高唱"勇于承担责任"。

刘迪的做法在中国企业中还是相当普遍的，似乎领导者就不应该担负起自己做错的责任。这样的思维是要不得的。可以说，这样的领导是极其不负责任的，也是不具备领导资格的。

在丰田，丰田喜一郎就很反对这样的做法，他在给下属作指示时，总是会将"以何种方法做什么，在何时之前做完"详细地写在纸上。

笔者曾查阅丰田创业时期丰田喜一郎的一份任命书，其指示可谓非常详细。因此，领导不能未作任何思考就把任务交给下属处理是欠妥的。正确的做法是，领导者有着自己明确的想法，并能做出详细指示，若非如此很难实现目标。

第二，领导创造享受变革的氛围。

渡边捷昭曾多次提到，改善的变革就是否定现状，尝试新的生产方式。在这个过程中，其失败往往会如影随形，有时可能无法获得最初的预期效果，有时甚至本意是改善的，变革却变成改恶。

此刻，管理者一旦认为"不如不改呢"时，这样的想法将使生产方式改善的变革停滞不前。当变革受阻时，尤其在制定成本减半如此艰巨的目标时，往往会有悲观情绪。为此，作为领导者，必须创造享受变革的氛围，将失败作为下一次成功的能量，反复摸索尝试，才可能实现其目标。

众所周知，对于任何一个企业来说，创新都是一件极具风险的事情。因为绝大部分的技术创新都可能会由诸多原因导致失败了。这样的结果，不管是对创新者来说，还是对所就职的企业来说，一旦没有承受技术创新失败的担当，一旦结束创新失败，不仅打击创新者本人，同时也可能让企业因此遭受重创，导致其一蹶不振，从此不敢创新、止步不前。

在华为内部，任正非一直都在倡导允许有不同意见的。早在2001 年，任正非在内部讲话中说道："所谓允许创新，还要提倡功过相抵，允许犯错误，允许在资源配置上有一定的灵活性，给其创新空间。不允许功过相抵，就没有人敢犯错误，就没有人敢去冒险，创新就成了一句空话。"

余承东自从 2010 年出任华为消费者 BG CEO 后，其行事相对较为高调，但又出言不逊，惹得内外风波不断。

在当时，由于华为手机几乎全线失败，风头正盛的小米把华为手机挤压得喘不过气来，这让余承东不堪忍受。为此，余承东坦言："我的痛苦来自反对声，很多不同的意见，很多噪音，压力非常大。"

事实上，在华为内部，余承东曾一度被"禁言"，甚至差点"下课"。面对消费者 BG 以及余承东的种种非议，任正非却表现出极大的宽容。为此，任正非对内部说道："允许不同意见的存在，就是战略储备！我对自己的批判远比我自己的决定要多。"

话外之意就是：你们一边自我批判去，不要老盯着别人的不足，更不要来逼我开掉余承东。任正非的决策显然是正确的，余承东最终成就了华为的终端业务。

可以肯定地说，如果没有任正非当初力排众议的支持和包容，除了余承东"下课"后被贴上"失败者"标签之外，华为手机业务恐怕也仍然会被雾霾笼罩。

在华为，类似的事情还有很多。究其原因，越是艰巨的战略目标，其失败的可能性越大，一旦遭遇失败，享受改革的氛围很大程度上取决于领导者的态度。

Aisin 轻金属的白鸟进治总裁经常对员工们说："别哭丧着脸，哪怕假装也要面带微笑"；担任理光 Unitechno 总裁时期的神户健二也曾对员工们说："别用消极的话语，要用积极的话语"。

第三，领导者"将变革进行到底"的坚定意志。

在成本减半的变革中，即使制定了远大的战略目标，在很多时候往往还是会遭遇挫折，有些领导者一旦妥协或者摇摆不定，没有"坚持到底"的意志，那么变革也因此而搁浅。因此，只有领导者拥有"将变革进行到底"的坚定意志，项目成员的动机自然也会增强，动机增强就能贯彻到底。

渡边捷昭指出，要想使丰田的成本减半战略能够顺利完成，领导者就必须有永不放弃、不屈不挠、坚持到底的心理准备，在渡边捷昭看来，丰田集团的强项之一在于"坚持到底的文化"。一旦认为可行，就会不屈不挠坚持到底。

以丰田生产方式为例，虽然历经数十年的不断变革，但是仍然称其为"发展中"。与很多企业投机地追捧新的方法和理论相比，丰田的生产方式一直都坚持"极致"。

正如渡边捷昭反复强调的那样，丰田始终存在诸多浪费现象，一旦着手变革，其效果还是能够立竿见影的。当然，正是因为有了变革成效，有的领导者可能因此就放弃变革，导致走回头路；或者就此满足。

两大因素都导致变革受阻。因此，一旦认为变革可行，领导者就要坚持到底。脚踏实地地坚持变革，形成变革的风气。为此，作为领导者，必须抱着坚定的意志，不断地强调变革的必要性，这才是确保变革成功的关键所在。

渡边捷昭如此谈到坚持到底的诀窍："闲聊的方式也可以，总之应该全年谈论。只要随时将'不要只看内部，对手在外面'挂在嘴边，就会形成健康的危机意识，公司内部也自然会上下一条心。永不放弃，不屈不挠地坚持到底，将有望实现可持续发展。"为此，领导的姿态如何，将极大影响企业的将来。

04／三成左右的成本优势很快就会被竞争对手迎头 赶上

渡边捷昭在 2007 年第一季度上的讲话中强调，降低成本为了什么？目的就是为了满足每天都在变化的顾客需求，为了在竞争中胜出。忘记了这一点，降低成本就只是"流程变革的儿戏"。

在渡边捷昭看来，只有不断地降低成本，才能确保自身的竞争力，因为三成左右的成本优势很快就会被竞争对手迎头赶上。

在瞬息万变的今天，满足顾客需求并非易事，同时降低成本也异常艰难。正如丰田英二所说："只要老老实实地降低成本就会有前途，不能只在以往的延长线上努力，而必须付出空前的努力去降低成本。"

在这里，就是我们常见的杜绝浪费型变革和解决课题型变革的两种变革。仅仅是降低 1—2 成的产品成本，通常的变革就能达到这样的目标。

一旦要成本减半，就需要进行解决课题型变革才能达到目标。渡边捷昭坦言，在当今时代，更需要丰田进行后一种变革。一旦搞错了这一点，即使坚持了变革，也很难获得持久的胜利。在需求减少的形势下，仅仅坚持变革其效果也有限，需要丰田借助解决课题型变革，推动扩大需求的变革。为此，要想彻底地战胜对手，就必须坚持成本减半的战略。否则，3 成左右的成本优势很快就会被竞争对手迎头赶上。

渡边捷昭回忆称，某工厂完成了能够空前地降低成本的生产线。是在该现场的员工通过日常变革完成的。

当渡边捷昭参观这条生产线时间及生产线旁边标明的目标数字，负责人回答："这是按照低于 F 公司成本 1 成的标准制定的"。

该公司总裁听了就说："3 成左右的成本优势很快就会被迎头赶上，要制定更高的目标"。

其实，F 公司的数字从世界来看也是最具竞争力的数字。虽然已经在力争以更低的成本生产产品了，但是却依然被该公司总裁要求"更低一点"。

为此，渡边捷昭指出，拥有强大的国际竞争力就必须努力地降低成本。"我不是说，只要老老实实地降低成本就会有前途，我认为眼下的形势并非如此喜人。想要获得适应 1 美元 =100 日元时代的国际竞争力，就不能只在以往的延长线上努力，而必须付出空前的努力去降低成本。"

这是丰田英二在 1993 年"东海协丰会"成立纪念典礼上的演讲。在当时，日本的各大报纸都认为，"其含义是对泡沫经济进行反思，强调回归生产活动原点"。为此，日本媒体大力加以报道。

诚如媒体报道所言："想要拥有强大的国际竞争力，就必须付出超过以往的降低成本的努力。"

当然，丰田能够长盛不衰，与自己坚持专业化有关。即使在泡沫经济时期，丰田也没有将重心转向备受追捧的金融技术和多元化，而是专注于生产活动，这段时期也坚持了日常变革。

在许多公司中，由于泡沫经济的破灭而损失惨重，反观丰田，却几乎毫发无损。这当然是因为自丰田佐吉（1867—1930）以来对"生产活动"所倾注的热情得到了很好的坚持。然而张富士夫却不认为当前是企业发展的顶峰。他关注着韩国现代等竞争对手的动向，认为尚有无限的变革余地。

渡边捷昭指出，成本变革的目的就是为了更好地提升公司的竞争力。值得注意的是，别让变革以"变革的儿戏"收场。其实，解决课题型变革也并非有什么特殊做法。丰田英二在1993年"东海协丰会"成立纪念典礼上的演讲说道："我认为实现的关键在于我们工作的出发点、'创意工夫'和'团队合作'。"

在丰田英二看来，变革的做法也一样。所不同的是，提出成本减半这种高难度课题时，是否应该致力于日常的变革。提出课题的方法因企业、因领导而大相径庭：有些企业可能不喜欢困难的课题，而喜欢较易实现的课题；有些企业虽然提出了课题，却认为

"反正做不到",不认真对待,或者执行到一定程度后妥协。

关键在于课题一旦提出,哪怕需要花一点时间,无论如何一定要实现的执行能力。变革以"变革的儿戏"收场,还是成为战无不胜的变革,这取决于努力的程度。许多企业宣称"我们在进行变革",关键是树立争取更上一层楼的志向,使变革成为"战无不胜的变革"。

丰田大事记

1896 年	丰田公司创始人丰田佐吉发明了自动织机
1918 年	丰田佐吉组建丰田纺织有限公司
1924 年	丰田佐吉发明"不停止自动换梭丰田自动织机"（G 型）
1929 年	将织机的专利转让给英国公司
1930 年	丰田喜一郎开始研究开发小型汽油发动机
1933 年	在丰田自动织机制作所内设立汽车部
1934 年 9 月	第一台 A 型发动机制造完成
1936 年 4 月	AA 型轿车开始投产
1936 年 7 月	4 辆 CI 型卡车出口中国东北（第一次出口）
1937 年 8 月	**丰田汽车工业公司成立，丰田利三郎成为第一任社长**
1938 年 11 月	举母工厂开始投产

1941 年 1 月	**丰田喜一郎就任丰田汽车工业公司社长**
1946 年 1 月	举母工厂工会成立
1947 年 5 月	生产累计达 10 万辆
1947 年 10 月	SA 型轿车投产

1950 年 4 月	丰田汽车销售有限公司成立
1950 年 4—6 月	第一次劳资纠纷
1950 年 7 月	**石天退三就任丰田汽车工业有限公司社长**
1951 年 5 月	开始推行"动脑筋，提方案"制度
1951 年 8 月	BJ4WD 型汽车上市
1954 年 6 月	BJ4WD 型汽车被命名为"陆地巡洋舰"
1954 年 10 月	丰田技术中心大楼完工
1955 年 1 月	皇冠车上市
1956 年 4 月	开始实行多渠道销售制度，TOYOPET 销售店开业
1957 年 8 月	向美国出口两辆皇冠样车
1957 年 10 月	丰田汽车美国销售公司成立
1958 年 1 月	第一家海外分厂巴西丰田工业公司运营
1959 年 8 月	元町工厂开始投产
1959 年 12 月	月产量达 1 万辆

1960 年 12 月	轿车出口美国业务暂停
1961 年 6 月	PUBIJCA 销售店开始营业

1962 年 2 月	丰田汽车销售公司成立出口总部
1962 年 6 月	国内工厂生产汽车累计达 100 万辆
1962 年 9 月	丰田南非公司成立并开始投产
1964 年 5 月	名古屋港丰田码头落成
1965 年 11 月	丰田荣获"戴明"奖
1966 年 9 月	高岗工厂开始投产
1966 年 11 月	东富士汽车性能实验场落成（现名为东富士研究所）
1967 年 10 月	**丰田英二就任丰田汽车工业公司社长**
1967 年 11 月	丰田 AVTO 销售店成立
1967 年 11 月	丰田汽车与大发汽车工业公司合作
1968 年 10 月	国内月产量达 10 万辆
1968 年 12 月	国内年产汽车达 100 万辆
1969 年 4 月	在比利时首都布鲁塞尔设立丰田销售工驻在员事务所
1969 年 9 月	累计出口 100 万辆汽车
1972 年 1 月	国内累计生产汽车 1000 万辆
1972 年 12 月	国内年产汽车 200 万辆，成为全球第四大汽车制造商
1973 年 10 月	Calty Design & Research Inc. 在美国设立
1974 年 4 月	开始从国外采购零部件
1974 年 10 月	丰田财团成立
1975 年 12 月	加藤诚之就任丰田汽车销售公司社长
1979 年 5 月	累计出口汽车达 100 万辆
1979 年 6 月	三本定藏出任丰田汽车销售公司社长

1980 年 12 月	国内年产汽车达 300 万辆
1981 年 4 月	自发限制向美国出口汽车
1981 年 6 月	丰田障一郎就任丰田汽车销售公司社长
1982 年 7 月	**丰田汽车工业公司和丰田汽车销售公司合并，三本中信任副社长，丰田障一郎任社长**
1984 年 2 月	美国丰田与通用公司的合资公司 NVMMI 在美国成立投产
1986 年 1 月	丰田汽车美国制造公司成立
1987 年 1 月	丰田汽车加拿大制造公司成立
1987 年 6 月	与德国大众签订合作生产协议
1987 年 8 月	新豪华车营销系统凌志店在美国成立
1988 年 5 月	第一辆"佳美"在美国丰田制造公司下线
1988 年 12 月	国内汽车登记量达 2000 万辆
1989 年 9 月	丰田公司欧洲设计办事处在布鲁塞尔开设

1990 年	花冠车产量达 1500 万辆
1992 年 3 月	D0 店开始营业
1992 年 9 月	**丰田达朗就任丰田汽车公司社长**
1992 年 12 月	丰田汽车英国制造公司开始投产
1993 年 9 月	国内汽车累计产量达 8000 万辆
1995 年 8 月	**奥田硕就任丰田汽车公司社长**
1996 年 10 月	丰田北美汽车制造公司成立

1998 年 7 月	天津丰田汽车发动机有限公司开始投产
1999 年	在纽约和伦敦证券市场分别上市，国内汽车产量达 1 亿辆，印度制造工厂开始投产
1999 年	**张富士夫任丰田公司社长**

2000 年	中国四川丰田汽车有限公司成立投产
2001 年	法国 TMMF 建成投产
2002 年	中国天津丰田汽车有限公司建成投产
2003 年	年销售汽车 671.9 万辆，净利润 849 亿元人民币，成为全球第三大汽车制造商，当年利润超过全美三大（通用、福特、克莱斯勒）汽车制造商利润总和
2004 年	销售汽车 754 万辆
2004 年	中国广州丰田汽车有限公司成立
2005 年	销售汽车 803 万辆
2005 年 6 月	**渡边捷昭接任丰田汽车株式会社社长**
2005 年	LEXUS 雷克萨斯品牌在中国第一家经销店开业，全新 CROWN 皇冠轿车实现中国制造，广州丰田发动机有限公司 AZ 发动机整机下线出口，第一款在中国生产和销售的混合动力车 PRIUS 普锐斯下线
2006 年	广州丰田汽车有限公司国产 CAMRY 凯美瑞轿车下线，LEXUS 雷克萨斯品牌三款重量级车型 ES350、IS300、LS460 登陆中国
2006 年	天津丰田的卡罗拉下线

2008 年	丰田全球销量达 897 万辆，一举超过通用，成为新的销售冠军
2009 年 6 月 23 日	丰田汽车公司在日本爱知县丰田市的公司本部举行董事会会议，正式批准丰田章男升任公司新总裁（现年 52 岁的丰田章男是丰田公司已故创始人丰田喜一郎的孙子）

2010 年	丰田将支付特斯拉 6000 万美元，开发电动 RAV4 配件
2011 年 12 月 1 日	丰田汽车和宝马公司在东京车展上共同签署备忘录，双方将正式建立中长期合作关系，共同开发下一代环保汽车技术。宝马将协助丰田开发柴油发动机，同时也将获得利用丰田电池技术的优势
2012 年 6 月底	丰田在日本本土总计产量超过 1.4521 亿辆，而在海外工程产量超过 5512 万辆，总数达到 2 亿辆之上。丰田跨过该里程碑总计历时 76 年 11 个月
2013 年 9 月 5 日	丰田汽车宣布，到 2013 年 7 月，旗下卡罗拉（Corolla）紧凑型车累计销量突破 4001 万辆，不仅是销量最高的丰田车，也是全球范围内史上最畅销的车型
2014 年 12 月 23 日	丰田汽车公司正在重组旗下零部件业务，涉及

	制动、柴油机、变速箱和座椅等四个领域，以及电装、爱信精机等子公司。丰田旨在提高业务效率，应对日益提升的竞争局面
2016 年 6 月 30 日	丰田汽车公司意欲使联网汽车的数据通信模块（Data Communication Module，DCM）实现全球通用，为此，其已与日本电信运营商 KDDI 展开了合作
2017 年 11 月	丰田汽车社长丰田章男正在试图改组高层管理架构，以应对该汽车制造商所称的"现在或永不"（now or never）的竞争

参考文献

[1] 陈治家:《格力:不拿消费者做实验》,《广州日报》2012 年 10 月 1 日。

[2] 范松林:《财务人员是降低现场成本的组织者》,《上海会计》2003 年第 8 期。

[3] 刘香楠:《成也抠门败也抠门:丰田家族如何"拧干毛巾上最后一滴水"》,《文史参考》2010 年第 6 期。

[4] 梁薇薇:《华为放弃美国被唱衰:是匹饱富乌龟精神的"狼"》,《中国产经新闻报》,2014 年 1 月 16 日。

[5] [美] 杰弗瑞·莱克(Jeffrey Liker)著,李芳龄(译者):《丰田模式》,机械工业出版社 2016 年版。

[6] [美]杰弗瑞·莱克、大卫·梅尔,钱峰译:《丰田人才精益模式》,机械工业出版社 2016 年版。

[7] 彭达生:《职责不清造成执行力低下》,《潮商》2010 年第 1 期。

[8] [日] 大野耐一:《丰田生产方式》,中国铁道出版社 2016 年版。

[9] [日] 大野耐一著，崔柳等译：《大野耐一的现场管理》，机械工业出版社 2016 年版。

[10] [日] 今井正明著，周健等译：《现场改善》，机械工业出版社 2016 年版。

[11] [日] 若松义人、近藤哲夫著，李晨译：《丰田员工力》，东方出版社 2011 年版。

[12] [日] 若松义人著，王高婷译：《丰田现场完全手册》，东方出版社 2016 年版。

[13] [日] 若松义人、近藤哲夫著，王景秋译：《丰田改善力》，机械工业出版社 2008 年版。

[14] [日] 田中正知著，赵城立、王志译：《丰田生产的会计思维》，机械工业出版社 2015 年版。

[15] 《商业评论》编辑部：《拯救濒临倒闭的工厂》，《商业评论》2012 年第 10 期。

[16] 魏冠军：《格力电器规模效益稳步增长势头喜人》，《经济日报》，2003 年 6 月 11 日。

[17] 王成荣、李诚、王玉军：《老字号品牌价值》，中国经济出版社 2012 年版。

[18] 王志文：《好一个"老干妈"》，《中国国门时报》，2012 年 11 月 5 日。

[19] 周斌、叶彬彬：《君乐宝互联网思维引爆奶粉降价潮》，《长沙晚报》2014 年 7 月 10 日。

[20] 张汉澍：《明治奶粉败走中国："轻投入"陷阱，败给中国式推广》，《21 世纪经济报道》2013 年 10 月 25 日。

后　记

当写完最后一行字时，天色已经大亮，一束阳光洒在我的案头上。此刻，尽管有着几分困意，我却兴奋不已。

回顾这段写作的日子，感慨颇多。在写作之前，当我看到中国传统企业成本居高不下的新闻如过江之鲫一样屡屡地出现在媒体的头条时，我的心情无比沉重。

"天下兴亡，匹夫有责"这是财富书坊的宗旨，也是我个人研究家族企业和做学术的宗旨。当传统企业遭遇高成本发展坡顶困局时，我必须为此出谋划策。

于是，我召集了十多所大学的商学院教授和数百名企业家，以及媒体等人士，向他们介绍了我的想法，他们不仅没有拒绝，相反还给我充分的理解和大力的支持。在这里，我由衷地感谢他们。没有他们的支持，本书不可能如此顺利完稿。

　　其后，我和我的团队经过几个月的奋战，终于完成了《丰田式成本管理》这个课题的深入研究。这就是我在熬夜苦战的日日夜夜中不知疲倦的动力。

　　在当下的镀金时代，我们能从博士返乡文章中读出时代的多元化，但是我们不能苛求每个中国公民都必须为我们的国家奉献青春和热血，不能苛求中国精英人士必须为我们的国家出谋划策，也不能苛求中国传统媒体客观正面地评价传统企业的倒闭潮……但是我和我的团队唯一能够做的事情是用我们的汗水和热情为我们的国家做点什么。

　　为此，我常常想到美国第35任总统约翰·F.肯尼迪（John F. Kennedy，JFK）演讲时说的话："在漫长的世界历史中，只有少数几代人在自由处于最危急的时刻被赋予保卫自由的责任。我不会推卸这一责任——我承担这一责任。我不相信我们中间有人想同其他人或其他时代的人交换位置。我们为这一努力所奉献的精力、信念和虔诚，将照亮我们的国家和所有为国效劳的人——而这火焰发出的光芒定能照亮这个世界。因此，我的美国同胞们，不要问你们的国家能为你们做些什么，而要问你们能为你们的国家做些什么。"

　　在约翰·F.肯尼迪看来，为国家作出贡献是全民的责任和义务。因此，在这样的激励下，我们挑起为中国传统企业如何降低成本、成功转型的重担，在慢慢摸索中前行。

在其间也赢得很多教授、培训师、企业家、专家的认可，同时也遭遇一些媒体人、研究者的冷嘲热讽，甚至说我们是痴人说梦、异想天开。

支持者认为，我和我的团队为国家做了一件大好事。反对者认为，"肉食者谋之，又何间焉？"在这样肯定和否定的声音中，我们终于完成了这样的课题。

在本书中，作者从不同角度剖析了丰田降低成本的现状、困境以及突围的办法，在本书中，还原了丰田在自身发展过程中的难点、痛点和转折点，重现了丰田多任社长们面临危机，将其从"深陷泥潭"到"独领风骚"过程中最为心酸曲折的艰难决策时刻，以及他们通过成本控制提升竞争优势的经验，这样的经营思路期望给中国企业家提供了一些帮助。

这里，感谢"财富商学院书系"的优秀人员，他们也参与了本书的前期策划、市场论证、资料收集、书稿校对、文字修改、图表制作。

以下人员对本书的完成亦有贡献，在此一并感谢：周梅梅、吴旭芳、简再飞、周芝琴、吴江龙、吴抄男、赵丽蓉、周斌、周凤琴、周玲玲、金易、汪洋、霍红建、兰世辉、徐世明、周云成、周天刚、丁启维。

任何一本书的写作，都是建立在许许多多人的研究成果基础之上的。在写作过程中，笔者参阅了相关资料，包括电视、图书、网络、视频、报纸、杂志等资料，所参考的文献，凡属专门引述的，我们尽可能地注明了出处，其他情况则在书后附注的"参考文献"中列出，并在此向有关文献的作者表示衷心的感谢！如有疏漏之处，还望原谅。

本书在出版过程中得到了许多教授、专家、业内人士以及出版社编辑等人的大力支持和热心帮助，在此我再次表示衷心的感谢。由于时间仓促，书中难免有纰漏，欢迎读者批评指正。（E-mail：zhouyusi@sina.com；微信号：xibingzhou；财富书坊公众号：caifushufang001）

周锡冰

2017 年 12 月 12 日于北京

图书在版编目（CIP）数据

丰田式成本管理／周锡冰 著 . — 北京：东方出版社，2020.12
ISBN 978－7－5207－1907－0

I. ①丰…　II. ①周…　III. ①丰田汽车公司－工业企业管理－
成本管理－经验　IV. ① F431.364

中国版本图书馆 CIP 数据核字（2020）第 254891 号

丰田式成本管理

FENGTIANSHI CHENGBEN GUANLI

编　　者：周锡冰
责任编辑：王新明
装帧设计：王欢欢
出　　版：东方出版社
发　　行：人民东方出版传媒有限公司
地　　址：北京市西城区北三环中路 6 号
邮政编码：100120
印　　刷：北京盛通印刷股份有限公司
版　　次：2020 年 12 月第 1 版
印　　次：2020 年 12 月北京第 1 次印刷
开　　本：710 毫米 × 1000 毫米 1/16
印　　张：20.75
字　　数：192 千字
书　　号：ISBN 978–7–5207–1907–0
定　　价：50.00 元
发行电话：（010）85924663　85924644　85924641